Marg. M. de Mazières

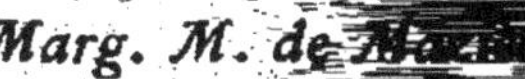

Mon grand Pèlerinage

— NOTES ET IMPRESSIONS —

1914

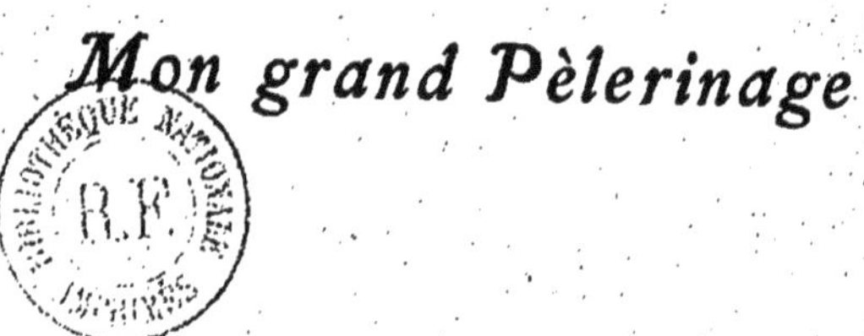

Mon grand Pèlerinage

Marg. M. de Mazières

Mon grand Pèlerinage

— NOTES ET IMPRESSIONS —

1914

A la Comtesse de Diesbach-Torny

Ma chère Tante,

Je me fais un devoir de vous dédier ces souvenirs de voyage.

Je n'avais pas l'intention de les publier. Mais vos pressantes instances, et l'affectueux intérêt que vous avez bien voulu prendre à la lecture de ces pages intimes, me décident à les livrer à l'impression, dans l'espoir qu'elles pourront faire un peu de bien.

M. M. de M.

Mon grand Pèlerinage

Mercredi 23 avril 1913. — Partie ! Que penser, que dire ? Je voudrais des émotions senties, des impressions vécues, — et je m'étonne de rester froide, comme indifférente, vivant ma vie sans surprise de la trouver si peu semblable à celle de tous les jours ! Depuis bientôt huit jours j'ai quitté Paris ; j'ai agi comme un automate, sans éprouver d'autre émotion que la souffrance douloureuse que m'a causée certaine séparation. Et pourtant, me voici en pleine mer, déjà loin des côtes de la France, seule, sans amis vrais, sans connaissances intimes, en partance pour la Palestine !

Ce matin, le rendez-vous des pèlerins était à Notre-Dame de la Garde, pour la messe de huit heures et demie. Fatiguée par une nuit sans sommeil, j'y suis arrivée longtemps avant l'heure, pour me recueillir dans la paix, sans avoir à redouter la foule des pèlerins. J'ai bien eu quelque peine à ressaisir mon âme, emportée dans je ne sais quelle vague anxiété à la pensée de ce long voyage. Mais j'ai pourtant prié de toute ma plus grande ferveur, cherchant à me mettre avant tout dans l'esprit de ce pèlerinage de pénitence que je fais au pays du Christ, et me résignant à l'avance à tout ce qui pourra m'arriver de pénible ou de douloureux.

Une messe basse avec chants ; une allocution pleine de poésie, par un chanoine de Marseille ; la distribution des insignes du pèlerinage ; une bénédiction du Saint-Sacrement, — et la dispersion pour se retrouver à quai à l'heure indiquée.

Il faut se hâter : le temps est court, avant le départ qui est fixé à onze heures du matin, et j'ai encore quelques notes à régler. Je prends une voiture à Notre-Dame de la Garde ; je passe à l'hôtel pour charger mes bagages ét, avec mon amie, la vicomtesse de P..., qui m'accompagne jusqu'au bateau, j'arrive au quai d'embarquement. Les pèlerins y sont déjà tous. Le pont fourmille ; les porteurs se font difficilement un chemin ; les amis venus pour embarquer les partants encombrent le bateau : c'est le désordre inévitable dans tous départs nombreux. Il faut passer au contrôle. Je montre mon billet de première classe ; on me désigne ma cabine n° 12, puis ma couchette. Je vais en prendre connaissance ; je m'y installe avec mes bagages... Mais que c'est petit ! que c'est simple ! Quelle différence entre *l'Etoile* et le *Charles-Roux* qui, en novembre dernier, m'a ramenée d'Alger, dans un confort merveilleux !... Déjà une première souffrance m'est imposée : on m'annonce que nous serons trois, alors que, depuis mon engagement, on m'avait promis une cabine à deux !... Je me résigne : à quoi bon réclamer ?... et puis j'ai résolu d'accepter tout ce qui me viendrait de pénible...

Cependant l'heure passe... Déjà onze heures ! Forcément le départ sera un peu retardé.

Le chanoine Gumbert monte sur *l'Etoile* ; il vient bénir notre bateau et la grande Croix qu'on emporte à Jérusalem pour être portée par les pèlerins dans la Voie Douloureuse. Le spectacle est édifiant : appuyé sur la balustrade du pont supérieur, le chanoine, entouré des Pères Assomptionnistes, les directeurs du pèlerinage, adresse une dernière exhortation aux deux cents pèlerins, groupés sur le pont, face à la Croix. Son dernier mot est répété comme un grand cri par la foule enthousiaste : « Vive Jésus-Christ ! »

A ce moment précis, le ciel, gris depuis le matin, se fait un peu plus noir, et la pluie vient attrister le départ.

Un coup de cloche... Tous les parents, tous les amis qui ne sont pas du voyage, quittent *l'Etoile*, après un dernier adieu aux partants, et continuent même sur le quai à adresser des signes, à agiter des mouchoirs à ceux qui s'en vont. Mon amie, Magd. de P..., me quitte aussi... Alors, seule, je vais sur le pont m'étendre dans mon fauteuil de sangle, à l'abri de la pluie. Car elle s'installe décidément, la fâcheuse pluie ! Déjà, l'horizon s'embrume et se voile, nous cachant presque les côtes de France que nous allons quitter.

A midi moins cinq exactement, un coup de canon nous fait tressauter : l'ancre est levée, et lentement, gracieusement *l'Etoile* se retourne, se met en marche et prend la direction du large, au chant répété par les deux cents pèlerins que nous sommes, de l'*Ave, maris stella*. Tout de suite une joie m'arrive : le P. Antonin m'aperçoit. « J'ai des lettres pour vous, » me dit-il, et aussitôt il me remet un nombreux courrier qui m'est arrivé le matin. C'est de ma famille, de mes amies, et j'en suis tout heureuse.

Nous sommes en route ; Marseille s'éloigne pour disparaître bientôt... Je m'oriente... je me tâte... j'ai un peu peur du mal de mer !... Mais, malgré la pluie triste qui tombe lourdement en ramenant déjà le froid, la Méditerranée est calme. *L'Etoile* tient bien la mer ; nous ne bougeons pas plus que sur la terre ferme ; je ne suis pas malade et c'est étonnée de moi-même que je viens prendre place dans la salle à manger pour notre premier déjeuner à bord.

Le hasard des rencontres m'a mise à la table du docteur M. M...; j'ai pour voisin de gauche un jeune homme, M. René Le C..., et à ma droite une dame en deuil, qui m'explique qu'elle est célibataire, qu'elle vient de perdre sa mère et que, seule, elle passe sa vie à voyager. Elle est de Rouen; je ne sais pas son nom.

Beaucoup de prêtres, parmi les cent quatre-vingt-dix-sept pèlerins que nous sommes ; un certain nombre sont étrangers, et ils se distinguent à leur mise, différente de la tenue de nos prêtres français ; quelques-uns semblent très distingués, malgré un aspect négligé qui tient à leur barbe que presque tous laissent pousser et qui n'est pas assez longue.

Parmi les laïques, un bon nombre d'Américains, de Belges, d'Anglais.

Je regarde, je cherche !... Trouverai-je dans cette foule, pendant les quarante-deux jours que nous allons vivre de la même vie, quelque sympathie qui me consolera de mon isolement ? Je ne sais pas ; je crois même que je ne le désire pas.

Vers deux heures, après un moment de repos dans mon fauteuil, je cherche l'infirmière du bord, que je connais, Mlle C.... Je la trouve assise sur le pont d'en bas ; et, tout heureuse de l'avoir retrouvée, nous nous mettons à causer gentiment. Elle a vraiment toutes mes sympathies, cette gentille Agnès, ma compagne pendant cinq mois au Maroc, et sur bien des points nous pensons de même. Nous parlons de Mme M...-D..., cette autre compagne d'équipe, qui est, elle aussi, parmi les pèlerins et nous avons sur elle la même opinion : elle nous semble terriblement changée depuis Lalla-Maghrnia. Froide, sombre, elle se met volontairement à part et n'a plus rien de la douceur affectueuse de la compagne que nous appelions « tante Berthe ». Nous nous demandons le pourquoi de son changement d'attitude, sans en trouver la cause.

Sept heures, c'est l'heure désignée pour une réunion à la chapelle. Le directeur spirituel de notre pèlerinage, le R. P. Borromée, prend la parole pour nous expliquer dans quel esprit de pénitence nous devons faire notre voyage de Palestine. Il termine son exhortation par le programme détaillé de notre vie à bord. Tous les exercices en sont réglés : les messes, les prières, le chapelet, le chemin de la Croix, même le repos dans le silence; chaque chose aura son heure, et le cher Père a un talent de parole si persuasif qu'il ne vient à personne l'idée de se révolter contre ce règlement, ni de se mettre en dehors de cette vie de communauté.

La chapelle de *l'Etoile* est délicieuse dans sa piété et son intimité. Elle est située à l'arrière du bateau, sur le pont supérieur. Des fleurs naturelles, aux couleurs très douces, décorent l'autel et parfument l'atmosphère... On sent flotter la présence réelle du Dieu invisible qui veille sur nous, qui guide *l'Etoile* et calme les flots courroucés !

La mer continue à se faire tranquille et notre bateau trace doucement son sillage ; hélas ! la pluie qui tombe toujours et inonde tous les ponts, mettant la seule note triste sur cette première journée !

A huit heures, la prière à la chapelle réunit encore tous ceux qui sont restés valides : le Christ de *l'Etoile* donne à ses pèlerins la bénédiction du soir, et c'est en répétant les dernières paroles du cantique final que je vais m'enfermer pour la nuit dans ma cabine.

Une de mes compagnes est déjà couchée : c'est une jeune femme belge qu'on a séparée de son mari, ne pouvant leur donner une cabine à deux. L'autre est une jeune fille de Pau, qui fait pour la seconde fois le pèlerinage de Jérusalem, et qui, neuf heures venues, vient à son tour, et la dernière, prendre sa place dans la couchette supérieure.

EN MER

Jeudi 24 avril. — Nuit relativement bonne. J'ai dormi malgré l'exiguïté de ma couchette ; la mer s'est montrée d'une douceur exquise ; je me lève à cinq heures un quart, après avoir vu par le hublot que la pluie a cessé et que le ciel se découvre.

A six heures un quart, je vais à la chapelle. La messe du pèlerinage se dit à sept heures ; mais, depuis cinq heures, tous les prêtres pèlerins disent leur messe aux autels portatifs qu'on a dressés des deux côtés de la chapelle. On peut dire douze messes à la fois, et il paraît que les prêtres sont au nombre de soixante-deux.

Mon âme commence à se ressaisir et, pour la première fois depuis mon départ, je me sens envahie par une pieuse émotion quand, après la messe et la communion, le P. Borromée fait tout haut une sorte de méditation sous forme d'actions de grâce. Il parle avec un cœur ardent et plein de foi ; ses paroles pénètrent les âmes. C'est bien le directeur fervent et convaincu qui convient pour mener des pèlerins à Jérusalem.

Aussitôt après le petit déjeuner, je monte sur le pont. La Corse est en vue depuis quatre heures dans le lointain ; mais, à cet instant, huit heures, nous en approchons de plus en plus et nous commençons à en apercevoir les détails : des montagnes arides et dénudées ; aucune habitation, ni verdure, ni vie.

Tous les passagers sont sur le pont, les jumelles, les lorgnettes passent de main en main. Mer d'huile. *L'Etoile* glisse rapidement sans nous imprimer le moindre mouvement ; le ciel se dégage de plus en plus de ses nuages ; le soleil même se montre un instant comme pour nous envoyer son plus joli sourire.

Pour échanger quelques mots, je cherche mon amie Agnès C.... Elle a revêtu, ce matin, son blanc costume d'infirmière, et légère, gaie, gracieuse, elle circule de groupe en groupe, s'intéressant à la santé de chacun.

M⁰ᵉ M...-D... est toujours étrange ; elle est malade, triste, pâle, sans gaîté. Elle reste à part dans un coin et semble traîner avec elle comme le regret d'être partie.

Je n'ai fait encore aucune connaissance ; je commence même à penser que je n'en ferai pas... A quoi bon ?... Je cause cependant à tout le monde, sans savoir le nom de personne ; mes compagnes de cabine sont simples et gentilles ; mes voisins de table polis, prévenants. La conversation se généralise ; je ne demande rien de plus. Les prêtres sont la gaîté du bateau ; ils fument, ils chantent, ils causent, on les entend rire partout. D'ailleurs aucun des pèlerins n'engendre la mélancolie. La mer est si calme que peu sont malades... Si le temps continue ainsi, ce voyage en mer, dont je m'effrayais, aura passé comme un rêve !

Et pendant que j'écris, *l'Etoile* glisse toujours, avançant rapidement sur les flots. Nous apercevons nettement, à notre droite, toutes les côtes de Sardaigne, tandis qu'à gauche la Corse est si près que nous en distinguons les habitants, et même les saluts que nous adressent de loin les enfants.

Une ville, perchée sur le sommet d'un rocher à pic, nous apparaît dans un pittoresque admirable ; c'est Bonifacio. Nous en distinguons les remparts, la caserne, l'église ; nous saluons en hissant notre pavillon ; le sémaphore nous répond ; il a enregistré nos bonnes nouvelles, et sans doute demain, à Paris, les lecteurs de *la Croix* apprendront par leur journal que tout va bien sur *l'Etoile*. Et nous entrons dans le détroit de Bonifacio, passant tout à côté de la pointe dangereuse où, pendant la guerre de Crimée, périt *la Sémillante* avec ses sept cent cinquante soldats. Un monument en forme de pyramide perpétue la mémoire de ce glorieux naufrage ; aussitôt, subissant sans effort l'influence muette de nos directeurs, tous les fronts se découvrent et d'un bout à l'autre du navire le *De profundis* est chanté pieusement par les deux cents pèlerins de *l'Etoile.* Spectacle impressionnant !

Neuf heures et demie. Le coup de cloche annonçant le chapelet nous réunit à la chapelle, au moment où le bateau sort du détroit ; il est récité à voix haute et les mystères en sont commentés par le P. Borromée.

Cette vie de bord a un charme incomparable quand on n'est pas malade, et, Dieu merci ! jusqu'à présent j'ai pu résister à toutes les tentatives de malaise. Mais cela durera-t-il ?... Je vois autour de moi bien des figures ravagées. Au déjeuner de dix heures et demie, si aucune place ne reste libre, nombre d'assiettes sont renvoyées intactes.

Je m'étends dans ma chaise longue, sur le pont supérieur, et là, m'isolant dans mes pensées, avec les chers souvenirs laissés là-bas, dans la France déjà lointaine et que chaque minute éloigne davantage encore, je sens monter de mon âme à mes lèvres une prière de reconnaissance au Dieu de la Palestine, qui protège si visiblement mon pieux pèlerinage.

Au loin, les côtes ont disparu ; on ne voit plus jusqu'à l'horizon lointain que l'eau bleue qui se confond avec le ciel. Comme on se sent petit devant ces immensités !

Deux heures. C'est la cloche qui annonce le chemin de la Croix. Les stations sont méditées par un prêtre de Bordeaux ; un peu long, quelques redites, manque d'éloquence... Il en résulte une certaine fatigue. Je n'ai pas le courage de m'approcher pour entendre la conférence que le P. Borromée nous fait à quatre heures sur l'île de Malte où nous serons samedi, et je m'étends un peu, loin de la foule, pour m'endormir bercée mollement par la monotonie des flots. Des applaudissements enthousiastes me réveillent, la conférence est finie, on acclame le Père orateur. J'ai bien un vague regret de n'avoir rien entendu, mais je ne suis pas la seule !... La mer se montre moins clémente que ce matin ; les vagues se font plus hautes, plus courtes, et le tangage fait disparaître bon nombre de pèlerins pour le dîner de cinq heures et demie. Je ne suis pas très fière, moi non plus ; j'ai peur de succomber... L'infirmière me rassure, me remonte le moral, me redonne du courage ; je fais un effort, et je peux dîner et me coucher après la prière et la bénédiction du soir sans être malade.

EN MER

Vendredi 25 avril. — Même vie qu'hier : lever à six heures. Messe à sept heures ; bien reposée par une nuit calme je peux faire la Sainte Communion. Cette vie de bord m'impressionne et me pénètre... Je ne me lie toujours avec personne ; cependant, ma jeune compagne de cabine, Mˡˡᵉ R..., redouble pour moi d'amabilité et de prévenances. Hier soir, alors que je me sentais prise par une angoisse nerveuse, elle est venue à mon secours et par quelques paroles m'a discrètement redonné de la raison.

A onze heures, la terre se montre dans le lointain : ce sont les îles Lipari dont on aperçoit les pics les plus élevés. On nous fait espérer que nous passerons près du Stromboli vers une heure après-midi ; mais le vent debout continue, comme pendant la nuit, à retarder la marche de *l'Etoile* et ce n'est qu'à quatre heures que nous commençons à en admirer la forme et à voir la fumée épaisse et dense qui sort de son cratère toujours en éruption.

Je crois bien que pas un des deux cents pèlerins n'est malade. Nous voici tous sur le pont supérieur, à l'avant du bateau, pour voir de plus près cette gigantesque montagne. Les lorgnettes sont braquées ; les questions se multiplient ; un de nos directeurs, le P. Hiéronyme, me dit l'histoire de ce volcan. Le vent est violent ; il souffle, froid ; il prend sur la tête d'un prêtre la casquette qui la coiffait et la jette à la mer, à la grande joie de tous les spectateurs.

Cependant, *l'Etoile* pique en droite ligne dans la direction de la montagne immense comme si elle voulait y entrer ; au même moment le cratère fait sortir de ses flancs une longue colonne de fumée noire et épaisse qui monte tout droit vers le ciel. Et nous avançons toujours... Nous voici presque perdus dans la fumée ; nous sentons l'odeur âcre de soufre chaud qui s'en dégage ; alors notre bateau oblique un peu à gauche, puis un peu plus encore et bientôt reprend sa route directe, dont il s'était écarté pour nous faire admirer de plus près ce superbe Stromboli. Nous en faisons ainsi le demi-tour ; nous saluons par un coup de canon la petite ville du même nom, qui s'étale sur le flanc gauche de la montagne jusqu'au bord de la mer.

Il est cinq heures, le vent redouble, mais notre bateau n'est pas méchant et tous les cœurs sont solides. La terre est en vue ; c'est la Sicile qui, sur la droite, semble faire suite au Stromboli, tandis que, sur la gauche, on distingue nettement les côtes de la Calabre. Le jour baisse ; on nous annonce la vue prochaine de Messine. Mais, hélas ! la violence du vent empêche d'avancer et ce n'est qu'à neuf heures, la nuit venue depuis longtemps, que nous entrons dans le détroit. Le spectacle, à cette heure de la nuit, a quelque chose de plus mystérieux qu'en plein jour : sur la gauche, les villes d'Italie s'éclairent de mille feux et en face de nous, un immense cordon de lumières nous indique Messine et l'entrée du détroit.

Tous les yeux sont tournés dans la même direction ; les étoiles brillent au ciel, le vent souffle toujours ; nous avançons lentement et, bientôt, sur notre gauche, en face de Messine, c'est la ville de Reggio ; elle se devine à la multitude de ses lumières qui semblent guider notre bateau dans l'étroitesse du canal.

C'est superbe ! et après m'être interrompue de regarder le

paysage pour aller faire la prière du soir et recevoir une dernière bénédiction du Bon Dieu, je reviens sur le pont où, malgré le vent et le froid, je prolonge ma soirée jusqu'à dix heures et demie. Mlle C... est venue m'y rejoindre ; nous causons, enveloppées toutes deux dans la même émotion de bonheur et de joie très douce à la vue de la merveilleuse nature que nous traversons.

MALTE

Samedi 26 avril. — Il est venu, ce terrible mal de mer. Cette fois-ci, je n'ai pu réagir et je suis restée anéantie depuis ce matin ! Toute la nuit, la mer a été houleuse. Dans mon lit étroit, gémissant de malaise, j'espérais résister... A cinq heures, je me lève !... hélas !... Je n'achève pas...

Sans m'habiller, en robe de chambre, j'ai passé la matinée sur le pont, étendue dans ma chaise longue. Je n'étais pas la seule : le roulis fatal avait terrassé plus de la moitié des pèlerins ; quelques rares messes, dites par les plus vaillants. Car, nos directeurs eux-mêmes sont pris, ainsi que quelques hommes de l'équipage, et le valet de chambre qui nous sert à table m'avoue, avec une figure décomposée, qu'il a peine à se tenir debout. La mer pourtant n'est pas très forte ; mais des lames de fond, venant de l'Adriatique, secouent durement notre pauvre navire, tandis que le vent, le prenant debout, l'empêche d'avancer. Nous avons de longues heures de retard, et des questions pleines d'angoisse sont adressées à tous les officiers du bord pour savoir quand nous serons à Malte. Vers neuf heures et demie, la terre apparaît enfin dans un lointain vague... Le déjeuner de dix heures et demie est servi comme de coutume : bien des places sont vides et un demi-silence règne dans les salles à manger... Enfin, à midi, on distingue nettement l'île avec ses côtes, ses villes, ses maisons... Nous arrivons, nous y sommes !

Je m'habille en hâte et, réunie à tous les passagers, je regarde les manœuvres de l'amarrage. Elles se prolongent d'ailleurs pendant plus d'une heure... On voudrait accoster : deux fois l'amarre se rompt... Nous ne devons pas arriver jusqu'à quai et, tout autour de nous, des multitudes de petites barques attendent l'arrêt du bateau pour nous conduire à terre.

Malte nous apparaît comme la terre promise ! L'île, du reste, se présente à nous sous son aspect le plus pittoresque. Le P. Antonin, perché sur un banc, nous donne les avis indispensables pour notre débarquement : nous ne devons nous servir, pour gagner le quai, que des barques qui portent le pavillon blanc avec la croix de Jérusalem. Enfin l'heure est venue de reprendre contact avec la terre ferme et, sans attendre l'ancrage définitif du bateau, qui menace de se prolonger, on nous fait descendre, nous ayant décorés de la petite rosace aux couleurs de la France, qui nous distinguera des autres congressistes. Aussitôt tous les pèlerins à terre, massés sur le quai de La Valette, nous nous formons en une procession sur quatre rangs et, sous la direction de nos chers religieux, nous traversons la ville pour gagner la station du chemin de fer qui doit nous conduire à Citta-Novale. On entonne le cantique : *Nous voulons Dieu !* et, à chaque reprise du refrain, les Maltais, qui forment haie sur notre passage, ôtent leurs chapeaux, nous saluent et nous acclament par des applaudissements frénétiques. Notre traversée de la ville ressemble à une ovation ! Nous arrivons à la station, où un train réservé nous attend, qui nous conduit à Citta-Novale.

Là, intéressante visite des différentes églises qui, en l'honneur du Congrès eucharistique, ont mis au jour tous leurs trésors d'or, d'argent, et nous adorons le Saint-Sacrement dans la Cathédrale avant d'aller pieusement vénérer la grotte où saint Paul vécut après son naufrage, et, l'heure passant, nous rega-

gnons la station de Novale, puis en chemin de fer la ville de
La Valette, puis nos petites barques qui nous ramènent à *l'Etoile*
pour le dîner de six heures du soir. Nous garderons, pour la
nuit, nos cabines du navire, dans l'impossibilité où a été la
direction de nous trouver des gîtes à Malte. Les couchettes
sont bien un peu dures et étroites, mais plus de roulis à craindre : *l'Etoile* est au repos ! Les cœurs se sont remis en place,
le dîner est bruyant de gaîté ; la nuit s'annonce bonne après
la rude secousse du matin.

Après dîner, le Père Directeur donne la permission de
retourner dans l'île à tous les pèlerins qui le veulent, mais à la
condition d'être rentrés à bord à dix heures et demie, dernière
limite... Beaucoup profitent de la permission. Je me tâte...
j'hésite... puis j'y renonce. A quoi bon ? Je suis encore fatiguée, j'ai à envoyer les nombreuses cartes postales achetées
en débarquant ; j'aime mieux ne pas sortir, et, après le salut
donné dans la chère chapelle de *l'Etoile,* j'écris longuement —
et je me couche.

MALTE

Dimanche 27 avril. — C'est aujourd'hui la grande journée
de clôture du Congrès eucharistique, qui nous a amenés à
Malte. Nos directeurs, avec une bonne grâce et un dévouement qui n'ont d'égal que leur désir de nous satisfaire, nous
laissent une liberté entière pour cette journée passée à terre,
restant cependant toujours à notre disposition pour diriger les
groupes qui veulent se faire conduire par eux.

J'assiste à la messe de sept heures sur *l'Etoile :* les commu-
nions sont nombreuses. Aussitôt le déjeuner pris, dès neuf
heures moins un quart, les petites barques aux blanches couleurs sont autour de *l'Etoile*, à la disposition des pèlerins pour
les conduire à quai.

Je n'ai guère envie de sortir, ce matin... Il fait chaud ! le temps est superbe, mais le soleil de feu !... J'assiste au départ des uns, des autres... A neuf heures un quart je regarde autour de moi, et, surprise, je me vois restant toute seule sur *l'Etoile !*... Au même moment, ma compagne de cabine me crie : « Venez donc avec nous, madame ! voilà la dernière barque. » Je ne réfléchis pas, je descends en courant l'échelle, et je me trouve aussitôt assise au fond de la barque, avec cinq autres dames du pèlerinage et le P. Jean-Victor, qui se met gracieusement à notre disposition.

Où aller ?... Nous faisons bien une tentative pour entrer à la Cathédrale et assister à la messe pontificale du légat, Mgr Ferrata ; mais un cordon d'agents nous empêche de passer : nous n'avons pas de cartes !

Nous nous consolons de cet échec en parcourant en tous sens les rues de La Valette ; nous entrons dans l'église Saint-Dominique où nous sommes édifiés par la foi des Maltais, prosternés à genoux sur les dalles de l'église et qui prient à mi-voix. Nous nous faisons conduire dans les Catacombes, où sont recueillis, formant des dessins et des ornements contre les murs, les ossements de sept mille cinq cents Maltais, tués par les Turcs, pendant la guerre de Crimée ; et, interrogeant les uns, les autres, nous finissons par connaître la ville dans ses monuments les plus intéressants. Puis, à onze heures, nous nous plaçons sur le passage du cortège du légat et nous attendons sa sortie de la Cathédrale.

La ville, l'île tout entière sont décorées, pavoisées aux multiples couleurs de toutes les nations catholiques ; les oriflammes flottent à toutes les fenêtres ; les guirlandes relient les maisons les unes aux autres ; les arcs de triomphe se dressent dans les rues principales ; tous les monuments sont décorés et, dès ce matin, on prépare les illuminations de ce soir. Nous regardons, nous admirons ; au dedans de nos âmes, comme au dehors sous le ciel admirable, tout est à la joie, tout est en fête !

Mais il est onze heures et demie : les cloches de la Cathédrale sonnent à toute volée, la messe est finie, la foule commence à sortir lentement du temple saint et les premières voitures des cardinaux, des évêques, des prélats défilent devant nous, précédant de peu le carrosse du légat. Bientôt il apparaît lui-même. La foule s'écarte, salue respectueusement, et le cardinal Ferrata passe en bénissant. Son carrosse est attelé de quatre chevaux noirs, tout caparaçonnés de rouge ; deux cochers en grande tenue sur le siège ; deux valets de pied en perruque poudrée par derrière, et dans l'intérieur : Son Éminence habillée de rouge et trois autres prélats en violet.

C'est superbe ! Notre attente est récompensée, notre curiosité est satisfaite. Alors, doucement, nous reprenons le chemin du port ; nos petites barques sont toujours là qui nous attendent et nous ramènent à *l'Étoile*, juste pour le dîner de midi. La fatigue d'hier est oubliée, tous les pèlerins sont gais, heureux, les conversations s'animent, et c'est plaisir d'entendre le brouhaha des voix se mêlant au cliquetis des fourchettes.

Deux heures. Le programme de l'après-midi nous est donné à haute voix par le P. Antonin. La direction décide que tous les hommes du pèlerinage, prêtres et laïques, iront suivre la procession du Saint-Sacrement, tandis que toutes les dames la verront défiler, du haut d'une terrasse où des places nous ont été réservées.

Tous les pèlerins sont réunis sur le pont ; les barques sont en attente au pied de l'échelle et la descente s'effectue dans un ordre parfait. Arrivé sur le quai, le cortège se reforme, les hommes tenant la tête de la procession ; puis, au chant d'un cantique, nous gravissons les rues en escalier de La Valette. A un tournant du chemin, le cortège se scinde : les hommes vont de leur côté, tandis que toutes les femmes, sous la direction du P. Noël, vont s'installer sur la terrasse retenue, d'où l'on domine tout un côté de la ville. Mais il y fait un soleil de plomb et l'attente sera longue !

On se place au hasard des rencontres ; je me trouve à côté d'une petite Canadienne, qui me raconte toute sa vie, les raisons de son voyage de Jérusalem, ses projets au retour, avant de rentrer dans sa lointaine patrie, au 1er octobre ; et, malgré la chaleur et le manque de confort de nos sièges, qui sont de longs bancs en bois, l'heure arrive où les cloches de la Cathédrale nous annoncent la mise en marche de la procession.

Nous l'attendons longtemps... Enfin à quatre heures environ, la première bannière apparaît, et, pendant près de trois heures, se déroule le long cortège qui la suit.

Les Français d'abord, représentés surtout par notre groupe de pèlerins, puis le défilé incessant des corporations de pénitents : les blancs, les bleus, les verts, les rouges, les violets se succèdent, paroisse par paroisse ; on en compte plus de cent cinquante groupes. C'est beau, mais c'est long ! et on commence à se lasser de voir éternellement le même cordon humain passer sous les yeux. Au ciel le soleil décline et disparaît bientôt à l'horizon, pour faire place à ce jour tombant qui dans ce pays presque sans crépuscule est aussitôt la nuit, et la procession marche toujours !

Avec le jour baissant, le défilé des pénitents prend fin, et voici que commencent à passer les prêtres et les religieux sur deux rangs : les séminaristes, les prêtres ordinaires, les Franciscains, les Capucins, les Grands Augustins, les Dominicains, les Carmes déchaussés... Je n'en finirais pas ! Les curés des trois cents paroisses de l'île de Malte, les chanoines, etc. Mais le cortège devient plus brillant comme couleurs : ce sont les

prélats romains, les monsignori en surplis, en rochet, en cappa...,
les abbés mitrés, et ils sont nombreux !... les évêques avec la
suite particulière à chacun d'eux... Enfin, enfin !... — il est
près de sept heures — le Très Saint Sacrement !

Précédé de mille lumières, sous un dais porté par de nombreux camériers du Pape, en habit et décorations, s'avance
Son Eminence le cardinal Ferrata, légat de Sa Sainteté, tenant
dans ses mains élevées, l'ostensoir en or, qui montre à la foi
de la foule recueillie le Roi du ciel et de la terre !

On se prosterne, on s'abîme dans la poussière pour saluer le
Dieu Sauveur, et on se tait !

Derrière le dais, quatre cardinaux, en grands manteaux
rouges, dont les queues sont portées par un camérier, terminent le grandiose de ce cortège que le monde entier fait au
Dieu de l'Eucharistie.

J'ai oublié de noter dans le défilé, les massiers, en grand
costume de leur pays, quelques-uns en perruque blanche, l'un
sous un pavillon, qui tous s'avancent lentement, portant sur
l'épaule leur lourde masse d'argent.

C'est fini et la nuit est venue ! Mais nous voudrions, avant
de rentrer au bateau, recevoir la bénédiction solennelle, qui
doit se donner à l'île tout entière, du haut d'un immense pavillon de lumières, élevé sur le point culminant de La Valette.

Toujours sous la direction du P. Noël, nous descendons
de la terrasse et, suivant la foule, nous nous arrêtons sur une
grande place, où se trouvaient autrefois les greniers à blé de
l'île de Malte ; c'est là que, peu de temps après, nous recevons,
humblement prosternés au milieu du peuple maltais, la dernière
bénédiction du Christ-Jésus.

A cette minute suprême, tout se tait ; les deux cent mille habitants de l'île font silence pour adorer ; alors que, dans la ville
entière, tout s'embrase aux feux des illuminations, que la mer

se sillonne de barques allumées, que les toits de la Cathédrale crépitent en s'irradiant aux tons multiples des feux de Bengale et que le canon se fait entendre !... Spectacle indescriptible !.... Je me sens impuissante à redire ce qui se passe au fond de mon âme... On se tait... on est ému au delà de tout... on adore... Les grandes émotions de l'âme doivent rester muettes !... Et au milieu des flots bleus de la Méditerranée, *l'Etoile* élève au-dessus d'elle, à la hauteur de son grand mât, la Croix, devenue lumineuse, du pèlerinage de la Pénitence, alors que, tout autour de ses flancs, règne un long cordon de lampions aux couleurs de la France. La décoration de notre cher bateau se remarque entre toutes par sa distinction, sa simplicité et son symbolisme.

Nous y retournons à la nuit noire, huit heures sonnant, pour dîner, et toujours ramenés du quai à notre *Etoile* par les petites barques portant pavillon blanc et croix de Jérusalem.

Il faut bien noter un peu de désordre, au moment de trouver place dans les barques : chacun voudrait arriver le premier, et, malgré les sages avis du P. Noël, quelques dames se bousculent, se poussent ; l'une d'elles tombe à l'eau, bien vite repêchée, d'ailleurs, à l'instant où son bain de pieds allait devenir bain de siège, et c'est sans autre incident que nous rentrons au bateau.

Après le dîner franchement gai, d'une bonne et pieuse gaîté, le Père Directeur nous permet encore de retourner à terre pour voir les illuminations et, malgré leur fatigue, il nous donne quelques-uns de ses religieux pour nous guider ; mais la recommandation est formelle : être rentrés tous, tous, à onze heures et demie au plus tard. En effet, on doit lever l'ancre à minuit, et, l'heure passée, le retardataire resterait à Malte, au lieu de continuer la route sur Port-Saïd.

Je ne sors pas après dîner ; j'ai parcouru la ville dans la

journée, je suis un peu lasse. J'aime mieux voir du bateau les illuminations, et après m'être rempli les yeux et l'âme de cette vue inoubliable, je viens écrire dans le salon, jusqu'à l'heure du départ.

Onze heures et demie. Les derniers pèlerins viennent de rentrer de Malte ; notre nombre s'est même augmenté de quelques prêtres canadiens, venus au Congrès et que nous emmenons à Jérusalem.

La nuit est merveilleuse... Un ciel étoilé d'une douceur exquise ; une mer calme et sans vagues qui nous donne confiance pour la traversée ; et devant nous, cette île de Malte où partout, auprès comme au loin, dans un panorama splendide, brillent les myriades de feux des illuminations... C'est féerique ! et si le but final de notre voyage n'était pas plus beau encore que ce premier arrêt de l'itinéraire, je serais triste de m'éloigner. Et pendant que je rêve de la Jérusalem de là-bas, les préparatifs du départ sont achevés ; l'échelle du bord vient d'être relevée ; les matelots font la manœuvre des chaînes pour lever l'ancre... Il est minuit ! Je vais me coucher en demandant au Bon Dieu de nous garder de tout accident !

EN MER

Lundi 28 avril. — Couchée hier à minuit, au moment où le bateau allait se mettre en route, je m'éveille à trois heures, surprise de ne sentir aucun mouvement et d'entendre encore des ordres et des commandements sur le pont. Je regarde par mon hublot : nous sommes à la même place qu'hier, dans le port de Malte. En face, voici les navires, nos voisins d'amarrage, et la terre où partout encore brillent les derniers feux des illuminations ! Qu'arrive-t-il ? Vite, ma robe de chambre et je suis sur le pont. J'y retrouve quelques pèlerins, curieux et inquiets comme moi. Nous demandons des explications que personne ne peut nous donner... Un prêtre regarde à l'arrière pour essayer de deviner ce qui se passe... Enfin, un monsieur, qui n'a pas quitté le pont depuis minuit, nous apprend que les malheureux matelots font, depuis près de trois heures, manœuvres sur manœuvres pour débrouiller les chaînes des ancres qui se sont enroulées autour des ancres voisines ; trois fois *l'Etoile* a dû s'éloigner de toute sa longueur et revenir dans le port pour contourner les autres navires... Enfin elle est arrivée à se dégager. Cette fois-ci, plus rien ne la retient ; elle tourne lentement sur elle-même pour prendre la direction de la sortie, et il est trois heures trois quarts quand elle passe enfin, majestueuse et sans bruit, sous le phare qui marque l'entrée du port. Nous sommes bien partis. Les feux de Malte s'éloignent de nous ; nous voilà voguant à nouveau sur les flots de la Grande Bleue !... Je vais me coucher : il est quatre heures. Quand, à six heures, je me réveille au jour pour me lever, toute terre a disparu et nous sommes de nouveau perdus, sur l'immensité de la Méditerranée !

Pendant trois jours entiers nous n'aurons pas d'autres horizons que le ciel et l'eau ; nous accomplissons la partie la plus longue de notre voyage en mer, sans escale, puisque nous ne devons atteindre Port-Saïd que vendredi.

Journée exquise à tous points de vue. La mer est merveilleuse de calme et de beauté. Le ciel sans nuages nous fait pressentir les clartés de l'Orient. *L'Etoile* glisse rapidement sur les eaux bleues sans nous imprimer aucun mouvement. Jamais je n'avais pensé qu'on pût éprouver un tel charme en voyageant sur mer.

Nos directeurs ont toutes les attentions : en raison des fatigues de la journée d'hier, la messe du pèlerinage est retardée jusqu'à huit heures... On abrège les méditations du chapelet et du chemin de la Croix... On supprime même la conférence de quatre heures. Tous les passagers sont sur le pont, étendus ou assis dans leurs fauteuils de sangle... La plupart y dorment, doucement bercés par les flots. Les connaissances se font ; les sympathies s'affirment, les groupes se forment. J'ai rencontré hier un vicaire de Saint-Servan, M. l'abbé C... Je suis accostée par un autre prêtre qui a eu le mal de mer jusqu'à Malte et auquel, sans le connaître, j'ai demandé plusieurs fois de ses nouvelles. Celui-là, c'est un méridional : il est de Tarbes. Gai, expansif, d'éducation simple, il me pose des questions si étranges, que je ne sais comment y répondre ! J'apprends qu'il fait son voyage en troisième ; qu'il a obtenu non sans difficulté une réduction de prix sur son billet ; je devine bien des misères... Il feuillette le *Guide de la Palestine* que je viens d'acheter sur le bateau, sans me cacher son désir d'en avoir un pareil, n'était le prix : 10 francs... Alors, émue et pitoyable à ce malheureux, je lui en offre un semblable, que, pour lui éviter un remerciement, je lui envoie par Mlle C..., de la part de l'ange de la « Charité », qu'on nous a prêchée ce matin.

Agnès C..., dans son blanc costume d'infirmière, est sympathique à tous et à toutes. Elle se promène de l'un à l'autre ; elle a un mot gai pour chacun ; elle vient à moi et s'assied à mon côté, alors qu'isolée sur le pont supérieur, je rêve devant l'infini... Nous causons et nos confidences se confondent, en même temps que quelques larmes brillent à mes yeux...

Mme M...-D... ne se montre guère ; discrètement, elle reste dans sa seconde classe sans se mêler aux voyageurs de première classe. Chaque jour, nous nous saluons par un serrement de mains, un mot rapide de bonjour, et c'est tout !

Et pendant que je rêve sur le pont, envoyant mes pensées bien loin, là-bas, dans cette chère France où sont restés mon cœur et toutes mes tendresses, que font-ils, tous ceux que j'aime ? à qui pensent-ils ? où sont-ils ? A certaines heures, on sent peser si lourdement le poids de la séparation ! et quelle séparation entre nous !... Mais d'où me viennent ces pensées sombres, ce soir ?... Je réagis contre l'envahissement d'une vague souffrance morale qui m'enserre le cœur, et pour cela, après la prière, je vais demander une absolution au P. Borromée, et j'en reviens toute remontée, chassant bien loin de moi tous les vilains papillons noirs !

EN MER

Mardi 29 avril. — Rien ! rien toujours ! que l'immensité de la mer et du ciel ! Le Bon Dieu nous protège visiblement : aucun mouvement à notre beau navire ! Nous voguons sans incident, sans secousse, sans malaise, emportés chaque jour plus loin de la France, pour nous rapprocher de la Jérusalem rêvée !

Ce matin, cérémonie touchante, qui a remué bien des cœurs, qui a fait couler bien des larmes, qui a consolé et redonné l'espérance à bien des âmes.

C'était, à sept heures, une messe chantée pour les pauvres morts, avec absoute et bénédiction de la Mer. Quel spectacle ! A l'arrière du bateau, dont les toiles relevées laissaient apercevoir la Grande Bleue, le P. Borromée en chappe noire, précédé de la Croix, s'est avancé sur la dunette, et, tourné vers la foule des pèlerins agenouillés, il a fait d'abord une allocution touchante, puis d'un geste solennel il a encensé et béni la Mer, tandis que tous les prêtres en chœur entonnaient le *Libera*.

Toute la journée, nous sommes restés plus ou moins impressionnés par cette pensée des Morts de la mer ; j'ai confiance que plusieurs ont été soulagés par nos prières et nos pénitences.

Je dis : pénitences... elles sont de tous les jours, de toutes les heures, c'est vrai. On les trouve dans le manque de confort des cabines, dans l'exiguïté des couchettes, dans le sommaire des toilettes... Mais qu'elles sont faciles à accepter avec le secours de la prière, les exhortations de notre vénéré Directeur ! Est-ce là vraiment un pèlerinage de pénitence, sur cette mer calme, sans tempête, avec la consolation que nous donne la présence du Divin Maître, dans la jolie chapelle flottante de *l'Etoile* ?

Ce soir, à huit heures, une conférence récréative avec projections sur l'Egypte, le Caire, l'ancienne Memphis, les Pyramides, les tombeaux, les momies, etc., explications vivantes et en tableaux de la conférence que nous avait faite à quatre heures le savant P. Germer-Durand.

Un petit incident regrettable à noter : le manque de tact de certain prêtre belge, soulignant par des expressions vulgaires et triviales les essais, peu réussis, d'ailleurs, de quelques chanteurs. Défaut d'éducation qui pourrait le faire mal juger...

EN MER

Mercredi 30 avril. — Ce voyage est un enchantement. Le même glissement, sans secousse, de notre bateau se continue comme hier, comme lundi, comme depuis que nous avons quitté Malte. Nous approchons de Port-Saïd où nous serons vendredi matin pour gagner aussitôt le Caire. Le temps est toujours idéal ; c'est un rêve.

Ma pauvre amie C... s'est maladroitement brûlé le pied, lundi soir, sous la douche ; elle boite, elle a souffert. Le docteur du bord lui a fait un pansement et l'oblige à se reposer ; elle reste au lit ce matin. Je vais un instant lui tenir compagnie et ma journée se passe comme les précédentes à écrire, à rêver, à ne rien faire...

Ce désœuvrement forcé amène avec lui une vague tristesse, comme une sorte d'oppression douloureuse en songeant à ma famille, à mes chers aimés, loin, si loin, toujours plus loin ! tandis que je suis ici seule, sans intimité d'âme avec personne !... Voilà la vraie pénitence, plus méritoire pour moi que le côté matériel de notre vie à bord !...

A quatre heures, une conférence est faite par notre savant et sympathique docteur M..., sur les précautions d'hygiène à prendre dans ce pays d'Orient où nous serons bientôt, pays si différent du nôtre. Sa causerie fine, spirituelle, pratique, est écoutée avec intérêt et sera utile à tous.

Comment dire maintenant l'émotion très douce qui gagne tous les cœurs à la cérémonie du soir ?

Pendant le dîner, le P. Borromée annonce l'ouverture du mois de Marie... Que de peines ! que d'attentions ! que d'efforts ! pour arriver à toucher les âmes ! Mais comme ils y sont arrivés ce soir !

Sur l'avant de *l'Etoile*, en dessous de la grande Croix de Jérusalem, le commandant a fait élever une grotte de Lourdes : La Vierge toute blanche, à la ceinture d'azur, est dans la niche, éclairée par une douce lumière ; l'églantine fleurit à ses pieds ; rien ne manque ! et tout l'équipage a dû travailler jusqu'au soir pour réussir cette surprise.

A huit heures, tous les pèlerins groupés à la chapelle, sur l'arrière, se mettent en procession, un cierge à la main, et au chant répété de l'*Ave Maria* de Lourdes, gagnent l'avant du navire. Les prêtres et les hommes se placent à droite, les femmes à gauche ; les bougies sont allumées, un long cordon électrique illumine la grotte alternant avec des lanternes vénitiennes, et le P. Borromée prend la parole pour saluer la Vierge Marie, Notre-Dame de Lourdes. Sa voix chaude prend les cœurs, ses accents arrivent aux âmes, et sa prière, expression de la nôtre, monte jusqu'au ciel. Quel spectacle inoubliable : Sur *l'Etoile,* voguant en pleine mer, sous l'immensité du ciel où brillent des milliers d'étoiles, deux cents chrétiens, les yeux

levés là-haut, saluant de leurs *Ave* la Vierge Immaculée, tandis
que des feux de Bengale éclairent en multiples couleurs le navire
entier, et que, du haut de la dunette, le commandant fait monter
dans la nuit l'éclat varié et les flèches brillantes des fusées !...

La procession rentrée à la chapelle, on vient de nous donner
un salut solennel.

Avant de me coucher, je vais m'asseoir sur le pont supérieur ;
l'abbé de Tarbes m'y rejoint et nous philosophons doucement
tous deux, pendant que quelques pèlerins attardés se promènent en causant et que les autres écrivent dans le salon ou
se reposent dans leurs cabines.

EN MER

Jeudi 1ᵉʳ mai. — Encore une journée de bord, la dernière avant l'arrivée à Port-Saïd où nous serons demain dès
cinq heures du matin. Toujours le même calme ; pas de malade. Malgré cela, personne ne sera fâché d'arriver, d'échanger
sa couchette du bateau contre un vrai lit, de se retrouver sur
la terre ferme !

Ce matin à sept heures, la messe du pèlerinage avec communion générale en l'honneur de l'Ascension. A neuf heures,
une grand'messe chantée avec diacre et sous-diacre pour
l'équipage et une allocution pleine d'éloquence de M. l'abbé
Lemarescal.

A une heure, un coup de cloche réunit tous les pèlerins à la
coupée du bateau où le P. Antonin donne des avis importants
pour les bagages, le débarquement de demain à Port-Saïd,
l'arrivée au Caire.

Et après les vêpres chantées à deux heures, chacun des
pèlerins va dans sa cabine ou dans la soute aux bagages pour
y ranger ses malles et ses effets. Il faut faire un choix judicieux
des vêtements à emporter au Caire ; étiqueter de façon diffé-

rente les malles qui sont pour Jérusalem et celles qui restent sur le bateau ; ne rien laisser traîner dans sa cabine, etc.

A quatre heures et demie, mes rangements terminés, je remonte sur le pont. C'est toujours la même vue où l'horizon est fait de la mer et du ciel confondus. Mais on sent que le port est tout près, et on se demande si, dans la joie de quitter sa cabine et de retrouver la terre ferme, il ne se mêle pas un peu de regret de laisser *l'Etoile* et la chapelle ?...

Le dîner de cinq heures et demie s'achève dans un brouhaha : on aperçoit par le hublot de la salle à manger un navire qui passe tout à côté du nôtre, et chacun de se précipiter sur le pont pour le mieux voir. C'est un cargo, charbonnier sans doute ; dans le lointain, on en aperçoit un second, puis un troisième...

La mer se peuple, nous allons reprendre commerce avec les vivants ; déjà sur la droite, on distingue un phare, aux lueurs intermittentes, qui indique Damiette et fait penser à saint Louis.

Demain, les messes commenceront dès quatre heures. Celle du pèlerinage est annoncée pour cinq heures et demie : c'est le premier vendredi du mois, chacun tient à y assister. Aussi, en prévision du lever matinal, je vais de bonne heure et pour la dernière fois, prendre possession de mon étroite couchette et dormir une nuit encore aux bercements très doux de la Grande Bleue !

LE CAIRE

Vendredi 2 mai. — Port-Saïd, ce matin à sept heures, après une nuit sans sommeil ! Le débarquement, en barques, pour gagner le quai ; puis en voiture, pour la gare ! Le train à neuf heures quinze. Le lunch passé dans les wagons par les soins du drogman. L'isthme de Suez, longé en chemin de fer. L'arrivée au Caire à une heure trois quarts, avec un billet de

logement pour l'Eden-Palace, où l'on me donne une belle et
bonne chambre qui me change du bateau : voilà les faits sans
détails. Mais comment dire les impressions ? Je crois rêver !...
Me voici au Caire, dans cette ville d'Egypte entrevue depuis
toujours dans un rêve si lointain qu'il semblait impossible à
réaliser ! et pourtant c'est bien moi ! Nous y arrivons à une
heure trois quarts par un temps choisi : quelques nuages adou-
cissent l'ardeur du soleil et tamisent la lumière qui n'a rien
d'aveuglant. Les yeux s'ouvrent, on regarde, on s'étonne.
Cette vie bruyante de l'Orient, ces cris, ces couleurs voyantes,
cet empressement des arabes à nous débarrasser de nos sacs...
comme tout est différent de l'Europe, de la France !...

Des guides, que distingue la cocarde tricolore, nous dirigent
sagement à nos voitures, en nous évitant toute bousculade et,
quelques minutes après, nous voici chacun dans nos hôtels et
nos chambres respectifs.

On voudrait respirer, se rafraîchir, se reposer ; mais le gong
impitoyable nous appelle à table : nous n'avons pas déjeuné et
il est plus de deux heures. Un menu restaurateur, bien servi
par des nègres arabes, dans une grande salle à manger, sur des
tables aux fleurs variées. Mais l'heure passe ; il faut se hâter.
Le Père Directeur donne les avis, le programme, et à trois
heures et demie, tous les pèlerins sont installés dans des trains
réservés. Nous voici en route pour les Pyramides.

Alors tout un passé s'évoque : les Pyramides ! les Pharaons !
les Hébreux ! le Sphinx ! Napoléon !

Je voudrais avoir quinze ans et me souvenir !

Nous arrivons ! Comment dire le grandiose de cette vue !
Quelle impression de petitesse et de néant saisit l'âme, aux
pieds de ces masses de pierre qui ont défié les siècles et restent
debout !...

A la descente du train, des ânes et des chameaux conduits

par des moukres nous offrent leur aide pour monter jusqu'aux Pyramides. Les Arabes insistent et deviennent pressants... Je suis bien tentée de monter à chameau ; mais j'hésite, j'ai peur !... Mlle C... grimpe courageusement sur la selle de l'un d'eux ; son exemple me décide, et me voici, moi aussi, perchée entre les bosses d'une de ces grandes bêtes, bien assise sur sa large selle.

C'est ainsi que j'arrive aux Pyramides pour en faire le tour ; au Sphinx, qui dresse dans cette solitude du désert, sa tête expressive, aux dimensions gigantesques. Nous sommes tous là, groupés en des attitudes pittoresques, dans un assemblage de couleurs multiples.

On regarde, on s'exclame, on est gai, heureux !

Heure inoubliable et bonne qu'on s'étonne de vivre.

A sept heures trois quarts, le train nous ramène au Caire, dans nos hôtels pour le dîner du soir ; et, la fatigue aidant, chacun profite de sa liberté pour se retirer dans sa chambre. Le courrier arrive : le premier depuis le départ de Marseille. J'ai sept lettres ou cartes. C'est une joie !

Il est onze heures du soir. Je viens de répondre par des cartes aux lettres reçues. Par ma fenêtre entr'ouverte, les musiques des cafés-concerts, alternant avec les bruits de la rue, arrivent jusqu'à moi. L'air est embaumé ! Je voudrais rester à mon balcon à rêver et à résumer les impressions de mon âme en fête !... Mais il est tard, la fatigue est grande ; j'écoute la raison, et je me couche dans mon grand lit, entouré de sa moustiquaire, pour y faire jusqu'à demain des rêves d'or !...

LE CAIRE

Samedi 3 mai. — Ce matin, le réveil sonnait à cinq heures et demie pour permettre aux pèlerins valides et courageux d'aller à la messe de six heures et demie. Le programme est chargé. Dès huit heures, des voitures attendent devant les deux hôtels où sont logés les deux cents pèlerins, pour nous faire faire la visite de la ville dans ses monuments les plus intéressants.

C'est d'abord la mosquée d'Hassan, remarquable par ses proportions ; puis la Citadelle, sur la hauteur de laquelle nous admirons le panorama grandiose et merveilleux de la ville du Caire et la majesté du Nil qui l'arrose. Dans l'intérieur même de la Citadelle, c'est la mosquée Mehemet-Ali, très différente de l'autre, très jolie à l'intérieur et décorée de tapis d'Orient qui couvrent tout le sol ; aussi pour y entrer nous devons tous et toutes nous chausser des sandales obligatoires.

Le temps est superbe, mais déjà chaud. Au sortir de la Citadelle, nous remontons dans nos voitures qui, au nombre d'au moins cinquante, nous promènent en file indienne dans toutes les rues du Caire. Les indigènes nous regardent, sans que leurs regards soient plus étonnés que les nôtres. En mille dédales et par des rues étroites nous traversons tout le vieux Caire, pour arriver à une église copte, où la tradition veut que la Sainte Famille ait habité quelques mois, pendant la fuite en Egypte, avant d'aller s'installer à Héliopolis...

Ce sera le seul souvenir religieux de cette journée du Caire. Dans le fond d'une crypte étroite, on nous montre une niche où la Vierge aurait reposé, son divin Enfant dans les bras. Faut-il le croire ? ou n'est-ce qu'une légende ? Sans m'arrêter à ces doutes, je suis la filière et, à mon tour, je vais pieusement embrasser cette pierre. La visite des curiosités du Caire se termine par une longue station à l'intéressant Musée où sont conservées les antiquités égyptiennes. Nos directeurs, qui sont des guides incomparables, nous promènent dans toutes les salles, à tous les étages, nous expliquent, nous montrent : les sarcophages, les enveloppes des momies, les momies elles-mêmes, si bien conservées, si bien desséchées, qu'on voit leur peau, leurs dents, leurs cheveux !

Voici Ramsès II, le fameux Sésostris. Voici le roi Taïa. Voici la reine, sa femme. Quel merveilleux secret avaient-ils, pour garder intacts tous ces corps qui ont plus de quatre mille ans d'existence ?...

Il est midi. Nous rentrons à l'hôtel pour déjeuner et on se hâte, car la grande course de Sakkarah est projetée pour l'après-midi, et le départ en est fixé à une heure et demie. Le train d'abord nous emmène jusqu'à la gare de Bédrechein, où stationnent en nous attendant les quelques voitures à deux roues et les nombreux ânes qui doivent nous conduire jusqu'au bout.

Je sors une des premières de mon wagon et sans que j'aie eu presque le temps de m'en apercevoir, je suis portée dans les bras d'un Arabe et assise sur un âne gris qui s'appelle Rosalie. Un gamin de dix à douze ans en prend la bride et me fait comprendre qu'il doit m'accompagner comme moukre. Et me voilà en route, tenant presque la tête de la caravane et marchant derrière le P. Borromée qui nous dirige. Il a grand air, avec son casque colonial, son grand burnous blanc et sa belle barbe noire ! Le charme, la bonté, le cœur, la piété de ce saint religieux sont incomparables. Il attire à lui toutes les sympathies, et il prend tous les cœurs, pour les donner à Dieu... La caravane — nous sommes au moins cent cinquante — traverse d'abord les rues tortueuses d'un petit village arabe, pour se déployer ensuite en un long ruban bigarré et atteindre bientôt les palmeraies.

La gaîté règne dans tous les rangs ; le ciel, chaud d'abord, semble vouloir adoucir, par quelques nuages, l'effet de son brûlant soleil ; les groupes voudraient se former d'après les sympathies, mais nos montures ne nous en laissent pas la possibilité, ne s'inquiétant que d'avancer, de se dépasser, de se bousculer, au risque de froisser quelques jambes et d'amener quelques chutes. Heureusement nous avons avec nous le docteur M..., prêt à courir au secours de ceux qui auraient besoin de ses bons offices.

Après les palmeraies, voilà le désert avec ses montagnes de sable. Et nous marchons, nous avançons, jetant de loin en loin une exclamation de joie, des vivats le long de notre défilé.

Après une heure et demie de marche, nous sommes arrivés. Aussitôt pied à terre, pour se rafraîchir d'abord, en mangeant de juteuses oranges que des Arabes nous ont apportées jusque-là. Il faut savoir marchander, débattre les prix, car la litanie du bakchiche s'allonge de jour en jour. Alors, déjà reposés, nous descendons dans les tombeaux des rois et des divinités égyptiennes. Ceux des dieux Apis nous intéressent particulièrement ; nous nous promenons longuement dans ce labyrinthe, contemplant ces masses immenses de granit qui ont dû coûter tant d'efforts pour être amenées au fond de ce désert ; et quand nous retrouvons la lumière, au sortir de ces souterrains, c'est pour nous diriger, à la suite du P. Borromée, vers la maison de Mariette-pacha où, sur des tables plus ou moins boiteuses, le drogman nous attend avec un lunch : pain, vin, oranges. C'est sommaire, c'est frugal, mais chacun fait honneur au menu, et cette halte, pleine de gaîté et d'entrain, marque un souvenir de plus dans les nombreux souvenirs que nous laissera le pittoresque de cette jolie chevauchée !

Le retour s'effectue sans aucun incident, comme l'aller. Quelques chutes sans gravité ; je dois en marquer une à mon actif ; ma selle a tourné, je ne me sens plus d'aplomb ; et, au premier essai de galop de ma bête fougueuse, je suis déplacée et je m'étale doucement sur l'omoplate droite, dans le sable du désert. Je suis aussitôt relevée, et, sans me laisser le temps de me tâter, un bras vigoureux d'Arabe me remet en selle.

Cette chute m'a rendue craintive et prudente ; je laisse passer le gros de la cavalcade et je reste en queue de la colonne, assistée par le baron de M... de Saint-M..., dont j'ai fait la connaissance depuis le bateau et qui est bien le gentilhomme le plus distingué de tout le pèlerinage. Il connaît plusieurs personnes de ma famille, ce qui nous a rapprochés ; il est charmant, intelligent, sérieux, d'une grande piété. Nous causons, en chevauchant lentement, l'un à côté de l'autre, et en jouissant pleinement de la douceur de l'air, du coucher du soleil, du jour qui diminue et des paysages enchanteurs qui se déroulent à l'horizon, faits de palmiers, de sable, de verdure, de lumière, de la transparence de l'air et du calme infini de toute la nature.

A sept heures, nous rentrons au Caire pour le dîner, si enchantés tous de cette journée et de nos ânes, que nous en oublions la fatigue. Elle est si grande pourtant que nous nous couchons de bonne heure, allant chercher dans le repos des forces pour demain.

EN MER

Dimanche 4 mai. — Encore un lever matinal aujourd'hui. Ils le seront tous désormais. Mais qu'importe ! pourvu que nous arrivions au but, à cette Jérusalem dont chaque heure nous rapproche.

Dès quatre heures, les voitures s'alignent devant les deux hôtels où nous logeons, pour conduire tous les pèlerins à Matarieh. Les ordres ont été donnés hier soir par le Père Directeur : les prêtres partiront les premiers, à cinq heures — il faut qu'ils disent leur messe ; — les pèlerins partiront à cinq heures et demie. Le hasard de la voiture me fait voyager avec ma compagne de cabine, Mlle R..., et un M. de L.., ancien officier qui a connu plusieurs de mes cousins dans l'armée. Nous causons. La matinée est délicieuse ; le ciel s'éclaire de la plus belle lumière ; les fleurs nous charment tout le long de la route : leurs couleurs vives éblouissent les yeux, tandis que leur parfum nous embaume.

Une heure de marche environ et nous voici à Matarieh, dans ce lieu béni, où la tradition montre un arbre sur le tronc duquel la Vierge, fuyant Bethléem pour l'Egypte, se serait assise pour se reposer et allaiter son divin Fils. La messe du pèlerinage se dit en plein air, sur les branches de cet arbre deux fois millénaire, tandis que sur six autels portatifs, tout autour de l'arbre, les prêtres du pèlerinage se succèdent pour offrir à Dieu la divine Victime.

La propriété où est l'arbre de la Vierge voisine avec l'établissement des PP. Jésuites. C'est chez eux que, ce matin, nous allons prendre, après les messes, le premier déjeuner. En plein air, sur de longues tables, servis par les frères, on nous offre mortadelle, fromage, vin, oranges, café au lait. La méditation que nous fait, chaque matin après la messe, le bon P. Borromée, est remplacée aujourd'hui par un discours du supérieur des Jésuites, et suivie aussitôt de la bénédiction du Saint-Sacrement, dans leur chapelle. Je regrette le mot plein de cœur de notre cher Directeur ; nul, mieux que lui, ne sait atteindre les âmes et ne fait plus de bien.

Il est dix heures : il faut repartir. La Direction nous ménage l'agréable surprise de nous faire rentrer au Caire, par Héliopolis, dans l'intention d'être agréable surtout à la colonie belge, assez nombreuse, qui fait partie de notre pèlerinage.

Héliopolis, ville entièrement neuve, riche, élégante, avec des hôtels magnifiques, des constructions élevées sur un même modèle, des fleurs, des jardins, des avenues larges et régulières. C'est beau ! c'est grand ! mais que sont devenus les souvenirs de la Sainte Famille qui y a vécu pendant six ans, d'après la tradition ?... Rien ! Plus rien ne reste de la petite ville d'autrefois. Je suis abasourdie en me trouvant, tout à coup, en face d'un Luna Park immense, avec ses montagnes russes et ses attractions multiples, digne de figurer à côté du Magic City de Paris !

Nos voitures nous ramènent au Caire pour l'heure du déjeuner que nous mangeons un peu hâtivement... On nous donne les derniers avis ; nous bouclons nos valises et nous quittons le Caire par le train de une heure et demie pour regagner Port-Saïd, reprendre *l'Etoile*, voguer vers Jaffa !...

J'ai commencé à me faire quelques amis parmi les pèlerins, et volontiers nous nous retrouvons ensemble ; c'est ainsi que le wagon dans lequel je prends place est composé des mêmes compagnons qu'à l'arrivée : le baron de Saint-M..., Mlle B..., Mlle de M..., Mlle C... et moi. Nous sommes contents tous d'être ensemble, et à causer, à dormir, à manger des oranges, à faire quelques visites aux compartiments voisins, les heures s'envolent vite qui séparent le Caire de Port-Saïd. Nous nous inquiétons de voir le canal de Suez, soulevé en vagues agitées et moutonneuses. Le vent souffle fort... Que sera la mer ? et quelle va être cette dernière nuit passée à bord de *l'Etoile* ?

A six heures et demie, nous sommes à Port-Saïd ; peu après, au port d'embarquement, puis dans les barques à rames et enfin sur *l'Etoile* sans incident.

Un fait regrettable pourtant : le P. Antonin nous apprend que deux des nôtres sont restés au Caire, malgré les avis donnés, les recommandations faites d'être exacts ! Leur train manqué, les pauvres ne pourront nous rejoindre à Jérusalem que jeudi... et à leurs frais !

La reprise de ma cabine de *l'Etoile* ne manque pas d'un certain charme. Peut-être n'est-il fait que de la certitude de la quitter demain pour un long temps ? Quoi qu'il en soit, mon étroite couchette ne me fait plus peur. D'ailleurs, nos craintes de tempête ont disparu ; la mer, pour nous recevoir, se fait douce, tranquille, avec un peu de roulis seulement. Le dîner de huit heures est gai, animé, bruyant même ; la prière du soir et le salut du Saint-Sacrement nous ramènent tous dans la petite chapelle de *l'Etoile* ; notre Directeur, dès le soir même, nous ressaisit l'âme, en préparation à l'arrivée en Terre-Sainte, et à dix heures et demie, chacun des deux cents pèlerins est endormi, doucement bercé par le roulis. Plus aucun bruit ne se fait entendre dans la nuit étoilée, que les coups précipités de l'hélice traçant notre sillage à la surface des flots ; bientôt, enfin, nous serons à Jérusalem, but suprême du voyage !

JÉRUSALEM

Lundi 5 mai. — J'y suis ! Est-ce possible ? Est-ce bien moi qui vis sous ce ciel d'Orient, où a vécu le Fils de Dieu ? qui ai baisé cette terre bénie où il a passé ? qui vais voir les lieux où il a souffert ? Je crois rêver !... et pourtant, à l'émotion poignante qui remplit mon âme, je sens bien que je ne rêve pas, et que vraiment cette terre est une Terre Sainte !... Comment analyser mes impressions ? C'est si difficile que j'hésite !...

Ce matin, à sept heures et demie, par une mer admirable de calme et de limpidité, *l'Etoile* jetait l'ancre en rade de Jaffa. Les avis les plus clairs nous sont donnés par le P. Antonin. Les pèlerins attendent : ils sont haletants d'empressement et de joie. Les conversations se font à mi-voix, pendant que, sur le pont, les matelots continuent les dernières manœuvres de l'amarrage. L'échelle est dressée, les barques en bas nous attendent ; un à un, nous descendons, nous laissant docilement prendre à plein corps par les rudes bateliers, qui nous déposent sur les bancs de la barque.

Le chemin est long de *l'Etoile* au quai ; souvent le débarquement est difficile ; quelquefois même dangereux... Mais nous avons invoqué avec tant de ferveur les âmes du Purgatoire, que, pour nous, toutes les difficultés s'aplanissent. Dans chacune des barques qui s'éloignent de *l'Etoile*, en lui disant un doux au revoir, on entonne l'*Ave, maris stella.* Sans incident nous voici sur la terre ferme et en route pour la gare.

A cette heure matinale, Jaffa nous montre ses rues curieuses, remplies d'une foule bigarrée et grouillante ; le soleil s'est levé, éblouissant, éclairant d'une lumière crue les couleurs vives dont se pare le peuple. Mais nous n'avons pas le temps de regarder, nos désirs comme nos pas nous emportent rapidement vers la gare.

Un train est à quai : nous y montons, non sans nous être munis pour le voyage d'un panier de ces exquises oranges de Jaffa, si connues, si renommées, si bonnes et que les Arabes vendent à profusion dans toutes les rues. Puis, à l'heure fixée, le train s'ébranle.

Nous voici à la dernière étape de notre long voyage d'arrivée : quand nous descendrons de nos wagons, nous serons à Jérusalem !

Toujours nos mêmes compagnons de route. Guide en mains, nous suivons la description de ce pays où, à chaque pas, se retrouve un souvenir biblique. Les terres sont fertiles et vertes ; les yeux se reposent agréablement sur les superbes jardins de Jaffa, plantés de vignes, d'orangers, de blé. Nous voici à Ramleh... Je me recueille, je regarde... et aussitôt ma pensée et mon souvenir vont retrouver, en France, un ami bien cher qui, autrefois, s'est cassé la jambe à cet endroit même...

Cependant l'heure passe ; le train avance ; le paysage s'enfuit derrière nous. Il change de nature d'ailleurs ; il s'accidente, il devient pittoresque, desséché, rocailleux, et la locomotive nous fait entendre un souffle de plus en plus haletant.

La Direction nous fait dire que, le train n'arrivant qu'à deux heures, on va nous servir un lunch dans nos wagons. Et aussitôt le drogman apporte à chacun : petits pains, oranges, chocolat et, pour boire, du vin et de l'eau.

A son tour, le P. Antonin passe dans les rangs pour distribuer les billets de logement et les cartes des voitures. Je serai logée au 216, à Notre-Dame de France, et quelle qu'elle soit, je sais que ma cellule me sera bonne, reposante et agréable. Tout est prêt pour la descente du train et à deux heures nous sommes arrivés.

La gare ! Isolée, loin de Jérusalem, elle semble se cacher d'être venue jusqu'en ce pays d'Orient pour le dépoétiser. Mais l'heure n'est pas à semblable réflexion ! Aussitôt à terre, chaque pèlerin, malgré la chaleur, malgré la fatigue, malgré l'embarras de son petit bagage, se prosterne à genoux, baise humblement cette terre sacrée, et tous ensemble, nous entonnons, en pleine gare, le *Lœtatus sum...*

Des gens étrangers, des gestes, de la poussière, des voitures, un soleil aveuglant... c'est tout ce que je vois d'abord. Je monte en voiture : un quart d'heure de marche au trot des chevaux, des descentes rapides, de rudes montées... A droite, des murailles avec des portes, des créneaux, des tours... Quelle confusion ! quel chaos dans ma pauvre tête ! Arriverai-je jamais à y mettre un peu d'ordre ?

Tout à coup, nos voitures s'arrêtent, nous en descendons et nous entrons à l'hôtellerie de Notre-Dame de France où nous sommes reçus par les chers Pères de l'Assomption. Quel accueil ! quelle fête ! quelle vraie joie se lit sur tous les visages !

Cet établissement de Notre-Dame de France est pour nous un paradis. Je monte dans ma chambre : une jolie cellule, blanche, claire, simple, monacale, avec un petit lit de fer, une table de toilette, une petite table pour écrire, deux chaises : c'est tout ! Mais que j'y serai bien ! que j'y serai heureuse ! A peine le temps de se recoiffer, de se laver les mains, et la cloche, que nous apprendrons à connaître, nous appelle à la salle à manger, pour le déjeuner. Nous nous y plaçons un peu

au hasard, beaucoup selon les sympathies ; quelques-uns seulement ont des places indiquées à la table d'honneur. On me fait
dire que le P. Antonin m'a marqué une place à la table des
dames qu'il me demande de présider... C'est un ennui ! Je fai-
sais partie d'un groupe d'amis, que je ne veux pas abandonner...
Je m'en ouvre au P. Jean-Baptiste, et, tant est grand le désir
de nos directeurs de nous faire plaisir en tout, que j'obtiens
sans difficulté l'autorisation de déserter la table des dames et
l'honneur de la présider, pour aller m'asseoir à la table des
amis, à côté de M. de Saint-M..., avec Mlle C..., Mlle B... et
plusieurs autres gais compagnons.

Le déjeuner excellent nous est servi par les jeunes Frères
Assomptionnistes, qui chaque année se font une joie de servir
à table les pèlerins français. Ils sont gais, contents ; semblent
heureux de se donner de la peine pour nous, et c'est avec un
ordre parfait, un silence discret, et un sourire charmant, qu'ils
circulent entre les tables pour nous offrir les plats et faire tout
le service.

Pour nous souhaiter la bienvenue, au milieu du repas, ils
nous chantent tous en chœur un salut en vers composé par
l'un d'eux. Nos remerciements se traduisent en applaudissements frénétiques ; la joie est partout, dans les cœurs, sur les
physionomies, et déjà sont reléguées bien loin, les fatigues de
la traversée et du long voyage dont Jérusalem est le but.— La
première visite est pour le Saint-Sépulcre.

A quatre heures et demie, la cloche réunit tous les pèlerins
dans le hall de Notre-Dame de France, où la procession s'or-
ganise. Le drapeau de la France d'abord : le premier il aura
l'honneur de s'incliner devant le tombeau du Christ qui aime
les Francs ; — sur deux rangs, les dames ; — le drapeau belge,
autour duquel se groupent les pèlerins venus de Belgique ;
— enfin nos prêtres. Au milieu de la procession, un groupe de

jeunes Assomptionnistes entonne les cantiques et dirige les chants. C'est impressionnant ; mais l'intérieur des âmes, quelles émotions l'emplissent !

Sur le parvis de la basilique, les Pères Franciscains nous reçoivent et, silencieusement, nous dirigent vers l'édicule qui contient le tombeau de Notre-Seigneur.

On se prosterne ! on adore ! on se recueille en un indicible saisissement !

Le R. P. Custode nous adresse, en un discours ému, quelques paroles de bienvenue, de foi, de piété. Le P. Borromée, en notre nom, y répond... Mais sa voix tremble, son émotion violente se lit dans ses yeux, dans le tremblement de sa voix, et se communique à chacun de nous ! Ah ! comme il est bien le prêtre de Jésus-Christ, l'apôtre qui soulève les foules par la chaleur de sa parole !

Un à un, lentement, les prêtres d'abord, les pèlerins ensuite, entrent, en se courbant dans le Saint-Sépulcre même, pour en baiser la pierre sacrée, et donner à Dieu toute leur vie dans un élan suprême ! Je n'analyse pas mes sentiments... Comment dire, comment exprimer par des mots ce qu'aucune expression humaine ne pourrait rendre ?

Un rapide coup d'œil dans les autres sanctuaires de la basilique. Un aperçu bien sommaire du Calvaire, de la pierre de l'Onction, des différentes chapelles des Grecs, des Arméniens, des Latins... et il faut rentrer à Notre-Dame de France où le dîner, retardé jusqu'à sept heures et demie, nous réunit encore.

La prière du soir dans la grande chapelle de Notre-Dame de France ; un salut solennel du Saint-Sacrement... Il est tard ; la journée a été rude : on se retire, on s'installe dans sa cellule pour la nuit... Peu à peu, le silence se fait, complet, dans la chère et hospitalière demeure... C'est la nuit.

Dix heures et demie. Me voici toute seule dans ma blanche

cellule ; j'ouvre ma fenêtre et je regarde... Le ciel est brillant d'étoiles qui n'arrivent pas à éclairer la nuit... Les bruits du dehors s'apaisent progressivement pour faire place au grand silence nocturne... Sous mes yeux, éclairée de loin en loin par quelques lumières, Jérusalem est là !...

Jérusalem ! Jérusalem ! Ville maudite et bénie ! Ville sur laquelle le Christ a pleuré ! mais dans laquelle il est mort par amour, pour le salut de l'humanité ! Ville si coupable envers l'Homme-Dieu ! mais si consolante à l'âme coupable !... Jérusalem ! je te salue et je t'aime !

JÉRUSALEM

Mardi 6 mai. — Le programme d'aujourd'hui portait : Messe du pèlerinage au Saint-Sépulcre. Mais, les Grecs fêtant saint Georges, la basilique leur sera réservée toute la matinée, et, dès hier soir, on nous a prévenus que le Saint-Sépulcre serait remplacé pour nous par la grotte de Gethsémani.

Nous nous y dirigeons à pied, dès six heures du matin, conduits par les jeunes Frères Assomptionnistes, qui sont les guides les plus charmants du monde. Vingt minutes de marche environ, dans un chemin rocailleux et en pente, et nous sommes arrivés.

Dans la grotte où je m'agenouille sur la terre battue, les messes se disent et se succèdent aux divers autels depuis cinq heures du matin. Mon émotion est profonde. C'est ici, sous ce même rocher, que le Christ Jésus est venu souvent prier ! Si ce n'est pas à cet endroit précis que la terre a bu son sang, au soir de son agonie, c'est à deux pas, c'est à côté !... et je me sens pénétrée de je ne sais quelle angoisse qui me saisit l'âme et me tient longtemps abîmée dans l'humilité, le repentir, l'amour, la confiance.

La messe du pèlerinage se dit. Communion générale ; méditation par le P. Borromée ; prières prolongées pour tous ceux que j'aime, qui m'ont chargée de porter ici leur souvenir ; ils sont restés là-bas, si loin ! mais ils me sont unis par la pensée et la prière... Je me sens si pauvre de mots pour exprimer ce qui se passe en mon âme !

Un déjeuner sommaire servi sous un hangar voisin... La visite du Jardin des Oliviers, transformé, hélas ! en jardin cultivé, avec corbeilles, fleurs, allées régulières... Que reste-t-il de ce jardin solitaire, où le Christ se retirait pour prier ?... Quelques oliviers, ou du moins leurs rejetons, et c'est tout...

Il est neuf heures, le soleil est brûlant : il faut remonter le chemin rocailleux et dur, pour aller visiter en détail le Saint-Sépulcre. On se forme en groupes de quinze à vingt, dirigé chacun par un Père Assomptionniste, et, pendant deux heures, nous circulons dans la basilique, écoutant les explications de notre guide, priant dans les sanctuaires qui abritent des souvenirs plus saints : le Calvaire, — l'endroit de l'apparition du Christ ressuscité à Magdeleine, — la pierre de l'Onction, — la place de la Crucifixion...

Pendant le déjeuner de midi, un avis est donné à ceux des pèlerins qui veulent aller ce soir à Bethléem, d'avoir à se faire inscrire sans retard à l'Economat, car le nombre ne peut dépasser trente. M. de Saint-M... me regarde... Je lui dis mon désir d'aller coucher à Bethléem ; il le partage, et aussitôt, bon et obligeant, il se précipite un des premiers, pour aller me faire inscrire avec lui. La chose est faite, nous partirons en voiture, après le salut qui nous sera donné à cinq heures chez les Dames Réparatrices.

L'après-midi est laissée libre ; on se repose, on écrit, on fait ses acquisitions.

A quatre heures, dans le jardin de Notre-Dame de France, le photographe prend deux poses de tous les pèlerins réunis, étagés sur la longue rampe d'escaliers ; nos chers directeurs s'asseyent au milieu de nous... Demain, on nous montrera les épreuves, et cette photographie nous sera un souvenir de tous nos compagnons de pèlerinage.

Cinq heures. Joli salut avec sermon chez les Réparatrices. Dans cette petite chapelle, où nous sommes nombreux, avec les bougies de l'autel, la chaleur est étouffante... une dame se trouve mal qui trouble le recueillement, au moment même de la bénédiction. On l'étend, on l'asperge, on lui donne de l'air ; ce ne sera rien de grave heureusement.

Mais il est, six heures. Ils doivent partir, ceux qui vont passer la nuit à Bethléem ! Je me hâte ; en un petit paquet, je rassemble quelques objets de toilette indispensables et je viens prendre place dans la dernière voiture en partance. A mon côté, s'installe un prêtre belge, peu distingué, l'abbé. M... M. de Saint-M... monte sur le siège de notre mauvais véhicule et nous partons.

Une heure de voiture. Le temps est charmant, la route jolie, le chemin sillonné de groupes de toutes sortes : juifs polonais qui se distinguent à leurs cheveux tombant en boucles devant les oreilles ; femmes bédouines si gracieuses dans leur marche et leurs mouvements ; prêtres grecs et russes qui se promènent en devisant entre eux.

Le guide en mains, M. de Saint-M... nous nomme les endroits intéressants du parcours : Voilà le tombeau de Rachel ; ici, un grand couvent de Grecs orthodoxes ; là-bas, perché sur la montagne dans un site ravissant, le petit village de Beit-Djala, habité exclusivement par des catholiques.

Le soleil a disparu, et aussitôt le jour baisse, teintant d'une nuance grise, pleine de poésie, les montagnes de Moab à l'horizon. Mais nous arrivons : voici les premières maisons de Betlhéem ; puis une rue qui se prolonge, peuplée, comme toutes les rues de Jérusalem, d'une multitude d'enfants déguenillés qui demandent bakchiche, et nous descendons de voiture, pour nous diriger à pied vers la Casa Nova. C'est le couvent des PP. Franciscains, qui est construit tout à côté de la grotte de la Nativité, et où nous recevrons l'hospitalité de la nuit. Ils nous attendent, les bons Pères, nous offrent un rafraîchissement que nous refusons et nous indiquent nos chambres. Au premier étage, un long et large corridor, sur lequel ouvrent de grandes chambres, toutes pareilles. Quatre lits dans chacune. Sur les trente pèlerins de ce soir, il. y a vingt-quatre prêtres ; nous sommes trois femmes seulement : Mlle de M..., Mlle R... et moi ; nous sommes ensemble naturellement, tandis que prêtres et laïques s'installent à quatre, dans chaque chambre, suivant leurs sympathies.

Je prends à peine le temps de me débarrasser de mon petit paquet et vite je vais à la grotte. J'ai hâte de m'y prosterner et de baiser l'endroit même de la Nativité du Christ. J'y arrive, conduite par un Père Franciscain, accompagnée par le P. Jean-Victor, qui dirige notre groupe de ce soir ; je traverse sans m'y arrêter la grande basilique constantinienne, je passe devant le soldat turc qui a la garde du sanctuaire, je descends les degrés de marbre qui donnent accès dans la grotte, et je tombe à genoux sous le poids d'une émotion très douce.

C'est ici même, sous cet autel qui appartient aux Grecs, dans cette excavation profonde du rocher, que, repoussée de toutes les hôtelleries, Marie mit au monde le Sauveur ! Dans un autre coin de la grotte, voici l'emplacement de la Crèche où fut déposé le divin Enfant. Cet autel de la Crèche est la propriété exclusive des PP. Franciscains ; c'est là que, tout à l'heure, nous entendrons la messe de minuit.

Après avoir prié dans la grotte, nous remontons dans le couvent où nous attend le dîner du soir. Il est gai, plein d'une bonne simplicité; il se prolonge tard, il est près de dix heures quand nous sortons de table.

Les prêtres ont organisé le roulement des messes : la première commencera à minuit, et les autres suivront sans interruption, car à quatre heures et demie on doit rendre la grotte aux Arméniens. Quelques prêtres vont se coucher bien vite... les autres veillent. Je décide, pour mon compte, de ne pas me coucher avant la messe et, suivant M. de Saint-M... qui est dans les mêmes intentions que moi, je monte sur la terrasse du couvent avec mes deux compagnes de chambre et quelques prêtres.

La nuit est exquise, d'une douceur idéale qui apaise toutes les agitations et les fièvres du jour ; le ciel, parsemé d'étoiles, laisse tomber sur la terre une clarté transparente ; à nos pieds, devant nous, s'étale coquettement, dans un charme infini, cette petite bourgade de Bethléem, éclairée par les feux de chacune de ses maisons. On vit du passé... on recueille ses souvenirs... on cherche à entrevoir l'emplacement du Champ des Bergers... on pense aux Anges chantant le *Gloria*... Rêves... mélancolie... joies du cœur... paix de l'âme... nuit à jamais inoubliable !

M. de Saint-M..., qui, avec une amabilité sans égale, s'est constitué, pour ce soir, mon chevalier servant, s'assied à mon côté... Nous causons, éloignés de quelques pas seulement des autres veilleurs. L'heure, l'endroit, le silence de la nuit, la vue de la ville s'endormant sous nos yeux, tout porte aux causeries intimes, aux confidences, aux pensées élevées et religieuses. Il me dit quelques-unes des tristesses de sa vie !... Nous échangeons nos impressions d'âmes, et le charme de cette soirée est si doux, si bon, que le temps passe sans que nous entendions le son des heures tombant dans le passé...

Je me redresse, un peu surprise, à l'appel du Père Franciscain qui vient nous prévenir que la grotte est ouverte. Il est

onze heures et demie. Je descends de bien haut !... et, à
minuit moins un quart, je suis agenouillée dans la petite grotte
de la Crèche et de l'Adoration des Mages, pour y entendre
la messe de minuit !

Je ne dirai rien de l'émotion inexprimable qui me remplit
l'âme pendant cette heure inoubliable de contemplation :
douze personnes seulement, trois femmes, trois laïques, six
prêtres, dont l'officiant... et dans le fond, discrètement assis
non loin de l'entrée, ou se promenant sans bruit, un soldat turc
montant la garde...

Une messe de communion, pendant laquelle nous chantons
le *Gloria*, le *Credo*, l'*Adeste*... Une messe d'actions de grâces,
qui suit aussitôt... Il est une heure passée, je vais me coucher,
avec mes deux compagnes, dans la grande chambre à quatre
lits entourés de leur moustiquaire, pour m'y endormir aussitôt,
tandis qu'en bas, dans la grotte, les prêtres, venus pour cela,
continuent jusqu'à quatre heures et demie leurs messes de
Noël.

BETHLÉEM

Mercredi 7 mai. — Jour de lumière et de soleil ! Réveillée
dès cinq heures et demie par les bruits de la rue, je regarde à
mon balcon. Voici qu'arrivent les premières voitures des pèlerins de Jérusalem qui viennent, ce matin, visiter la grotte de
Bethléem. La messe est annoncée pour six heures un quart,
mais les Arméniens n'ont pas terminé leur office ; nous sommes
obligés d'attendre qu'ils nous cèdent la place, et ce n'est qu'à
huit heures que commence la messe du pèlerinage. Je n'y vais
pas ; j'ai eu bien large part, cette nuit ; les autres pèlerins s'y
pressent, désireux d'entendre, de voir de plus près ; je leur
cède ma place et je vais faire quelques acquisitions dans les
magasins de Bethléem, me réservant de retourner à la grotte,

quand la foule l'aura laissée libre. Ce moment ne se fait pas attendre d'ailleurs, et j'ai la joie de pouvoir, dans une longue prière, au lieu même de la Nativité, continuer celle de la nuit, dans les mêmes émotions de calme et de paix.

Après le petit déjeuner du matin, que nous offrent encore les Pères Franciscains, les groupes se reforment et, toujours sous la conduite d'un Assomptionniste, nous visitons la basilique dans ses moindres détails, avec explications des plus intéressantes : L'autel de saint Joseph où l'ange vint, pendant son sommeil, lui dire d'emmener en Egypte l'Enfant et sa Mère, — la grotte de saint Jérôme, — celle de sainte Paule, etc.

A quelque distance de Bethléem se trouvent les vasques de Salomon. Les voitures sont là pour nous y conduire ; mais, la visite étant laissée libre, j'y renonce : ma nuit écourtée, la chaleur accablante, la fatigue en résultant... ! Je cherche une place dans les voitures du retour et je rentre à Jérusalem avec tous les pèlerins, à midi.

Le repos est assez court ; à trois heures et demie nous repartons, avec nos chers Assomptionnistes, pour aller, dans leur propriété de Saint-Pierre Gallicante, entendre une conférence pleine d'intérêt, faite par le P. Germer-Durand, sur les fouilles entreprises et dirigées par lui depuis vingt ans, et dont le succès dépasse toute espérance. Tout porte à croire que c'est à cet endroit même que s'élevait le palais de Caïphe, où Notre-Seigneur passa la nuit de sa Passion, maltraité par les valets, et tout à côté, on construisit une basilique, sur l'emplacement même où saint Pierre, ayant renié son Maître, au moment où le coq chantait, rencontra le regard de Jésus. De là le nom de Gallicante.

La visite des ruines se termine par le salut du Saint-Sacrement, dans la chapelle provisoire des Assomptionnistes, et la récitation pieuse d'un *De profundis* pour le repos des âmes des pèlerins et des Français morts à Jérusalem et dont les restes reposent dans un caveau creusé dans le rocher.

Nous rentrons vers sept heures à Notre-Dame de France. Je voudrais écrire, dire mes impressions, envoyer quelques cartes en France, mais où prendre le temps ? Le programme est de plus en plus chargé chaque jour, et les heures fuient avec une rapidité vertigineuse et désolante.

Comment dire d'ailleurs les multiples émotions qui s'entassent dans mon âme ?... Chaque pas en produit une nouvelle, qui laisse le regret de ne pouvoir prolonger celle qui précède !

Depuis quinze jours que nous vivons de cette vie commune de pèlerinage, les sympathies, timides au début, s'affirment de plus en plus et forment les groupes. On échange ses réflexions, on implore un service, on glisse un avis ou un conseil : la meilleure entente ne cesse de régner entre tous. Quelques prêtres se rapprochent des laïques et des dames, pour causer. On ne sait même pas leurs noms, mais on répond gracieusement à leurs questions, on se mêle à leur conversation... Ma voisine de table sur *l'Etoile*, Mlle P..., devient mon amie. Elle m'a confié ses émotions ; elle m'a dit son admiration, que je partage, pour notre cher directeur, le P. Borromée... Nous sommes encore voisines de chambre ; aussi c'est avec un vrai et réciproque plaisir que, sans nous le dire, nous nous rapprochons dans toutes les cérémonies.

En face de ma cellule, avec la gentille infirmière, Mlle C..., on a logé Mlle B..., une jeune et blonde Normande, charmante de douceur, de dévouement, de grâce attirante. Seule, sans famille, elle passe son temps, depuis le départ, à consoler les affligés, à remonter les énergies en défaillance ; on la trouve partout où on souffre, où on pleure, où on a besoin d'un bras ! Elle fait partie de mon groupe, avec une jeune Belge, Mlle de M..., Mlle C..., le baron de Saint-M..., etc., etc. Et, ce soir, je vais me mettre au lit avec le grand regret de n'avoir pu, aujourd'hui, aller au Saint-Sépulcre !... et la résolution de faire tout mon possible pour y aller demain.

JÉRUSALEM

Jeudi 8 mai. — Ce matin, la messe du pèlerinage était à Saint-Etienne, chez les Dominicains. Chacun s'était mis en toilette pour cette visite, ou du moins en vêtements clairs et propres. Nous y allons à pied et nous y arrivons pour sept heures et demie.

Dans une grande basilique, élevée récemment sur l'emplacement de l'ancienne et en même style, nous assistons à une grand'messe; nous entendons un sermon d'un Père dominicain; la cérémonie se prolonge jusqu'à neuf heures. Le consul de France à Jérusalem, M. Gueyraud, nous fait l'honneur d'y assister; le Père prieur le reçoit à la porte de la basilique, lui offre l'eau bénite et le conduit jusqu'à son prie-Dieu de velours, à droite de la grande nef.

C'est dans ce lieu exactement que fut lapidé saint Etienne, le premier martyr. On nous montre les reliques du saint ; on nous promène, en nous les expliquant, dans toutes les fouilles qui ont permis de reconstituer la première basilique : visite pleine d'intérêt encore, comme toutes celles que nous faisons dans cette terre sainte où chaque pas marque un souvenir.

Le déjeuner que nous offrent les Pères Dominicains est plantureux : dans une immense et superbe pièce sont dressés en plusieurs tables plus de deux cents couverts. Le consul général préside la table d'honneur avec les autorités, notre comité et quelques dames. J'ai l'honneur d'être au nombre de ces dernières, et le P. Antonin me prévient que ma place est marquée à la table du consul.

Les souhaits de bienvenue nous sont adressés, en un joli

discours, par le Prieur des Dominicains ; le P. Borromée
répond et remercie, non sans être interrompu à plusieurs
reprises par les applaudissements des pèlerins. Le consul a à sa
droite le P. Borromée ; à sa gauche le Prieur ; en face le chanoine L..., de Toulouse, qui a chanté la grand'messe, et de
nombreux prêtres. Et, en voyant cette cordiale réunion de religieux que préside une autorité civile, on pense tristement à la
France, à ses fiches, à ses dénonciations, à ses sarcasmes et
à sa haine de la religion !

En quittant Saint-Etienne et les Dominicains, nous allons
visiter des tombeaux que la légende prétend être ceux des rois
de Juda. Nous descendons dans des caveaux immenses, pro-
fonds, taillés dans le roc et bien conservés. Ceux-là nous font
comprendre ce qu'était le tombeau de Notre-Seigneur, avec la
grosse pierre qui était roulée sur le devant pour en fermer
l'entrée.

Puis, à midi, par une chaleur accablante, nous rentrons à
Notre-Dame de France, tous contents, heureux, si bien qu'on
en oublie toute fatigue.

Pendant le déjeuner, le P. Antonin donne à haute voix les
explications et conditions des excursions facultatives : Le Jourdain, la Samarie, le Thabor. Je suis hésitante pour faire la
Samarie ; le P. Borromée en dissuade : beaucoup de fatigue
pour peu d'intérêt, me dit-il. Cependant le Puits de la Samaritaine me tente... Que faire ? Je vais réfléchir jusqu'à samedi et
je déciderai alors, selon mon état de dépression.

L'après-midi se passe en une promenade ravissante à Saint-
Jean in Montana, délicieuse oasis dans un coin accidenté,
rocailleux et brûlant. La course se fait en voiture. La prise
d'assaut des meilleurs véhicules par les gens égoïstes (il y en a
partout, même dans les pèlerinages !) qui sont toujours les premiers à se servir, est chose peu agréable à voir et à subir...

Dans la mauvaise victoria qui m'échoit en partage et où prennent place avec moi Mme B..., une charmante Marseillaise, qui est aussi de notre groupe, et sa nièce, Mlle G..., nous voudrions pour quatrième, le baron de Saint-M... ; mais on le cherche en vain, et comme il faut partir à son rang et au complet, c'est le comte de P... qui monte sur le siège. Il nous est un guide précieux et bien intéressant, lui qui, depuis trente-sept ans, habite Jérusalem où il se dévoue à toutes les œuvres. Il nous nomme tous les lieux que nous parcourons ; il nous raconte les légendes et les traditions. Aussi c'est sans nous apercevoir de la longueur du trajet, mais non sans admirer le pittoresque de la route escarpée où nous marchons, que nous arrivons à Saint-Jean. C'est ravissant ! Il est quatre heures et demie ; le soleil éclaire doucement chacune des maisons de ce petit village coquettement bâti à flanc de coteau, entouré de grands arbres et de verdure... On voudrait y prolonger la halte. On se sent gagné par la rêverie... C'est là que la Vierge Marie vint visiter sa cousine Elisabeth... C'est ici, à côté, que naquit saint Jean-Baptiste dont on vénère le berceau. Tout est souvenir, tout est légende pieuse, tout vit de traditions !

Un salut du Saint-Sacrement nous est donné dans l'église des PP. Franciscains ; un lunch assis nous est offert par eux, dans leur couvent ; et, avant de reprendre place dans les voitures pour le retour, on nous emmène encore visiter le couvent des Dames de Sion, qui gardent le tombeau du saint P. Ratisbonne, leur fondateur.

Là, une vraie réception nous est faite : les petites filles, juives et arabes converties, nous reçoivent par des chants français ; les religieuses nous offrent des rafraîchissements ; le P. Noël, qui remplace aujourd'hui comme directeur le P. Borromée, remercie de l'accueil qui nous est fait ; et d'un geste spontané, chacun des pèlerins dépose une offrande pour les enfants, sur un grand plateau que, à notre demande, nous présente une de ces petites.

Une prière sur la tombe du P. Ratisbonne ; un dernier regard, qu'on voudrait prolonger longtemps, sur ce joli village, sur ces jardins fleuris que l'ombre du soir commence à envahir, et puis, en voiture, en route pour Jérusalem où nous attendent et l'accueillante hospitalité de Notre-Dame de France et l'accueil toujours empressé de nos chers Assomptionnistes qui rivalisent pour nous d'amabilité.

Encore une bonne journée bien remplie et qui laissera de doux souvenirs. Mes regrets, hélas ! s'accentuent de n'avoir pu, aujourd'hui encore, retourner au Saint-Sépulcre ! Je m'inquiète, je questionne le Père Franciscain sur le moment où l'on ouvre la basilique, sur l'heure où commenceront les messes de nos prêtres, et, bien informée, je vais demander à Mlle P..., ma voisine, si elle veut aller demain avec moi à la messe de cinq heures ? Elle accepte, c'est convenu ; je lui sonnerai le réveil à quatre heures et nous aurons une messe au Saint-Sépulcre pour nous seules, en dehors de la foule.

JÉRUSALEM

Vendredi 9 mai. — Le programme est de plus en plus chargé chaque jour ; la fatigue s'accentue ; déjà quelques pèlerins, plus ou moins indisposés, sont obligés de se reposer et de se soigner. Je vais toujours et, d'ailleurs, qu'importe la souffrance, et de quels sacrifices ne paierait-on pas les heures exquises à l'âme de ce matin ?...

Dès quatre heures je suis levée ; je me hâte ; sans bruit, je m'habille, et à quatre heures trente-cinq, je descends, avec Mlle P..., pour aller au Saint-Sépulcre. Nous sortons de l'hôtellerie toujours endormie ; dans la rue, encore pas de bruit ; le jour naissant va venir bien vite, et nous nous pressons sans parler... Quelques rares indigènes, sortant de leur demeure, nous regardent curieusement, étonnés de voir des femmes, à cette heure matinale, dans leurs rues en escaliers et bien sombres ; nous croisons deux prêtres, qui rentrent déjà de dire leur messe à la basilique où ils ont passé la nuit.

Je me recueille... Je pense aux saintes Femmes, à Magdeleine, se pressant au tombeau du Christ, de grand matin, au jour de la Résurrection ; et, sans m'inquiéter comme elles, de faire enlever la grosse pierre qui ferme l'entrée du Sépulcre, je sais que, dans ce même tombeau, je vais trouver mon Jésus...

Nous arrivons ; nous entrons ; personne ne s'oppose à notre présence dans le vestibule du tombeau, où, seules, quelques femmes du peuple sont agenouillées et prient.

La messe, qui se dit dans le Saint-Sépulcre même, en est au *Sanctus ;* nous nous agenouillons un peu à l'écart jusqu'à ce qu'elle soit finie ; et quand, sans interruption, la messe suivante commence, nous venons, Mlle P... et moi, nous agenouiller tout près du Saint-Sépulcre, de chaque côté de la petite porte très basse qui y donne accès. C'est là que je demeure à genoux pendant deux messes ; là que je fais la sainte communion, en me glissant dans le tombeau même ; là que, dans un cœur à cœur inexprimable, je laisse mon âme parler à Dieu... l'écouter... Ces heures-là ne s'écrivent pas.

A six heures, nous rentrons toutes deux à Notre-Dame de France. C'est l'heure du lever de tous les pèlerins qui ont leur station de ce matin à la basilique de l'*Ecce Homo*, chez les Dames de Sion, où la messe du pèlerinage est annoncée pour sept heures et demie. Je n'y vais pas, et toute recueillie en ma joie pieuse de ce matin, je prends quelques heures de liberté pour terminer ma toilette et écrire quelques cartes.

A neuf heures et demie seulement, je vais à l'*Ecce Homo ;* j'y arrive pour monter avec tous les pèlerins sur la terrasse du couvent. De là, on voit la ville entière qui s'étale en un panorama superbe, que nos guides habituels nous expliquent, en nous orientant et en nous nommant les principaux monuments de Jérusalem.

L'après-midi d'aujourd'hui vendredi est consacré à faire le Chemin de la Croix, en suivant la Voie Douloureuse, telle que l'a suivie Notre-Seigneur, en allant au Calvaire. On le commence à trois heures.

La première station, c'est-à-dire l'endroit où Jésus fut condamné à mort, est maintenant une caserne. Sur deux rangs, nous nous avançons dans la cour ; quelques soldats turcs sont assis sur les murs, ou debout dans un coin ; ils se rangent en silence pour nous laisser entrer ; un Père Franciscain monte sur une chaise pour prêcher cette première station aux deux cents pèlerins de la pénitence groupés autour de lui : il en sera de même pour toutes les stations de la Voie Douloureuse.

Et c'est un spectacle impressionnant, que cette longue procession, qui se déroule en chantant et en priant, dans les rues étroites et encombrées de la vieille cité, au milieu d'une population de Juifs, de Musulmans, de Schismatiques !...

Que de réflexions à faire sur ce peuple de Jérusalem ! sur ses mœurs, sur ses habitudes, sur sa couleur locale !

Je voudrais décrire ces costumes bariolés et pouilleux ; ces mendiants sordides, qui vous poursuivent de leurs voix pleurantes, en demandant bakchiche ; ces échoppes sombres, sur le devant desquelles s'étalent, en une saleté repoussante, les fruits de toutes sortes, les légumes, les viandes de boucherie, les gâteaux, les fritures, les sucres et les hachis ; ces rues étroites, en partie couvertes, aux escaliers glissants, et si mal pavées qu'on n'y peut marcher ; ces Juifs polonais, avec leurs grands cheveux bouclés qui retombent sur le devant de l'oreille ; ces prêtres arméniens, grecs, russes, qui circulent partout avec leurs longues lévites noires...

Le Chemin de la Croix se continue longtemps. En tête de la procession, la lourde Croix apportée de France, semblable à celle du Maître : quinze pieds de long, huit pieds de large, en bois dur, est portée par les prêtres et les hommes du pèlerinage. Les cinq dernières stations de la Voie Douloureuse se trouvent dans la basilique même : Jésus est dépouillé de ses vêtements, — Cloué à la Croix, — Il meurt, — Il est déposé sur les genoux de sa Mère, — Il est mis dans le tombeau.

C'est fini ! nous avons suivi le même chemin que le Sauveur Jésus chargé de sa Croix. La nôtre est déposée dans la basilique, où, après avoir fait trois fois, au chant du *Stabat,* le tour du Saint-Sépulcre, chaque pèlerin va pieusement la baiser. Il nous est donné à tous d'entrer une fois encore dans le tombeau, où, l'un après l'autre, nous terminons par une courte prière cette longue cérémonie du Chemin de la Croix, qui n'a pas duré moins de deux heures et demie.

Mais c'est aujourd'hui vendredi, veille du sabbat. Il faut aller voir tous les Juifs réunis sous le Mur des Pleurs. Nos guides nous y conduisent, en quittant la basilique.

Quel spectacle ! Debout, le visage tourné contre un mur immense, qui soutient l'esplanade de leur temple détruit, tous les Juifs sont là, les femmes d'un côté, les hommes de l'autre. Ils prient, ils lisent, ils appuient la tête contre le mur qu'ils baisent, en implorant le Messie ; ils se balancent de gauche à droite, ou d'avant en arrière, en un mouvement régulier et continu, qui semble affirmer leurs prières ; et ils pleurent !...

Ils pleurent leur temple aboli ! Ils pleurent leur nation dispersée ! Ils pleurent leur longue attente du Messie ! Ils pleurent !

Spectacle unique, curieux, touchant ! surtout si on réfléchit que ces hommes sont des convaincus !...

JÉRUSALEM

Samedi 10 mai. — Une tristesse et une souffrance marquent les premières heures de ma journée : un peu malade pendant la nuit, je dois rester couchée à l'heure où sonne le lever général, et renoncer, par raison et obéissance, à assister à la messe du pèlerinage, qui se dit ce matin au Saint-Sépulcre. Heureusement que j'y suis allée hier ! C'est la seule pensée qui me console !

Je me lève donc un peu tard et, pour obéir au docteur, je me fais conduire en voiture à la mosquée d'Omar que tous ensemble nous devons visiter ce matin. Je suis dans le groupe que guide le F. Marie-Georges ; savant, intelligent, clair dans ses explications, il nous tient sous le charme de sa parole pendant plus de deux heures, en nous redisant les nombreux souvenirs bibliques et évangéliques, qui sont attachés à cette mosquée d'Omar, bâtie sur l'emplacement même du temple de Salomon.

Elle est d'ailleurs merveilleuse comme pureté de style, dimensions, décorations, souvenirs contenus dans son enceinte.

Je suis impressionnée par la vue du rocher qui en occupe tout le centre. C'est le même, qui servait d'autel d'holocauste aux Juifs d'autrefois, lorsqu'ils immolaient les taureaux, les agneaux et tous les animaux de leur sacrifice.

C'est dans ce temple que le Sauveur vint prier. C'est ici qu'il enseignait aux docteurs ! C'est là que sa Mère le retrouva après trois jours de recherches !

Dans un coin de l'esplanade de la mosquée d'Omar, nous visitons aussi la petite mosquée d'El Aksa ; nous descendons même jusque dans les sous-sols, pour y retrouver les restes de ce qui était autrefois les écuries de Salomon, puis la salle des Templiers, et il est midi lorsque nous rentrons à Notre-Dame de France.

Les heures se font de plus en plus rares, où l'on peut se reposer et écrire ; les émotions se multiplient, se continuent, se renouvellent, et nous tiennent tous plus ou moins haletants ! Les souvenirs s'entassent sans ordre ni classement dans la mémoire et dans le cœur... Plus tard, quand je serai rentrée en France, dans mes longues heures d'isolement, je les revivrai tous ; mais garderont-ils pour moi les émotions très douces que je vis depuis mon arrivée à Jérusalem ?... Dieu le veuille !

Le programme de la soirée porte : Visite de Gethsémani, promenade dans la vallée de Josaphat, le torrent de Cédron, le village de Siloë avec sa piscine, la Léproserie. C'est tentant, mais la course à pied sera longue. Le docteur insiste pour que je la fasse à âne, à cause de mon indisposition de la nuit ; je cherche à retenir un âne convenable parmi les vingt qui sont en attente dans la cour, et devant l'impossibilité de trouver une selle de dame, je décide de me faire conduire en voiture jusqu'à Gethsémani et de faire le reste de la promenade à pied. A quatre heures nous partons.

Rien de pittoresque comme cette chevauchée le long du torrent desséché de Cédron, dans ces sentiers escarpés et pierreux, où les ânes eux-mêmes ont peine à se tenir. C'est ici, à l'endroit de ce pont, que Notre-Seigneur tomba, en traversant le torrent, alors que les soldats de Judas le poussaient dans la nuit pour le conduire à Caïphe.

Le P. Noël nous accompagne avec le P. Borromée ; ils sont tous deux à âne, et à chaque souvenir, ils s'arrêtent pour nous donner des explications qui complètent notre guide. Nous passons devant le tombeau d'Absalon.

Le village de Siloë s'étage au-dessus du torrent que nous longeons, joliment éclairé par la pure lumière de ce ciel d'Orient. Nous nous arrêtons un instant à la Fontaine de la Vierge, ainsi nommée parce que la Sainte Vierge venait y puiser de l'eau et y laver les linges de son divin Fils. Nous descendons dans la piscine de Siloë, où s'accomplit le miracle de l'aveugle-né. Et nous continuons notre route en admirant, et en causant.

L'heure est exquise : le soleil, qui baisse à l'horizon, n'éclaire plus déjà que les maisons les plus élevées du petit village. Le coup d'œil est pittoresque : cette longue file de pèlerins marchant lentement dans les sentiers étroits ; ceux qui sont à âne les rejoignant, les dépassant, les bousculant même au passage, tandis que quelques jeunes Assomptionnistes, nos guides, commentent, en nous la lisant, la page d'évangile que rappelle chaque détour du chemin.

Mais nous voici en vue de la Léproserie. Le P. Borromée nous permet d'aller la visiter, non sans nous recommander une extrême prudence : il ne faut pas toucher les malades. Aussitôt nous gravissons le sentier très à pic qui y conduit, et nous arrivons.

Dans une cour intérieure, pauvre et misérable, une quinzaine de malheureux sont là, les uns assis, les autres roulés sur la terre battue ; hommes et femmes sont ensemble, confondus dans un vêtement fait de haillons et si semblable qu'on a peine à deviner les sexes. En nous voyant entrer, ils nous regardent, étonnés d'abord, et bientôt, sur un ton pleureur et gémissant, ils demandent bakchiche, en tendant vers nous leurs pauvres membres mutilés et détruits.

Aucune plaie ne se voit ; c'est une lèpre sèche ; mais celui-ci n'a plus de doigts ; celui-là a une cicatrice à la place du nez ; ici une femme montre son poignet, dont les doigts et la main ont déjà disparu, qu'elle tourne et retourne dans tous les sens, et qu'on sent prêt à tomber aussi : il n'est plus retenu que par la peau.

Ces malheureux ne doivent pas souffrir beaucoup ; mais

quelle misère ! quelle douleur morale se lit dans leurs pauvres yeux ravagés !

Nous laissons tomber notre aumône sur le vêtement que l'un d'eux vient d'étendre dans la cour, et nous partons, émus et attristés par la vue de ces pauvres lépreux dont le mal est incurable.

Et lentement, tous ensemble, nous reprenons le chemin du retour. M. de Saint-M... m'accompagne : nous causons. Le P. Borromée cède son âne à une dame fatiguée d'être à pied et il vient, lui aussi, se mêler à notre groupe pour remonter le sentier rocailleux de la montagne. Le soleil s'est couché depuis un moment, le jour baisse, le froid se fait sentir, remplaçant si vite le brûlant soleil de midi. En arrivant à la route, nous trouvons quelques voitures qui sont là pour ramener les plus fatigués. Je prends place dans l'une d'elles et pour un demi-franc je rentre à Notre-Dame de France pour le dîner.

Pour la première fois, depuis que j'ai quitté la France, je me sens ce soir triste, déprimée, en chagrin... Pourquoi ? J'ai l'impression douloureuse d'être très seule, bien loin de tous ceux que j'aime... Est-ce ma fatigue physique de la nuit ? Est-ce la mélancolie de notre promenade de l'après-midi ? est-ce une lassitude qui me vient d'une trop grande tension d'esprit ? Je ne sais ; mais, le soir, à table, je parle peu à mon voisin, M. de Saint-M..., qui s'en inquiète ; au salut du soir, je sens les larmes me monter aux yeux, et je vais me coucher tristement, gardant l'espoir d'être mieux demain !

JÉRUSALEM

Dimanche 11 mai. — Plus de papillons noirs, ce matin, au réveil ; une bonne nuit de bon sommeil ; une volonté énergique et raisonnée de ne pas me laisser aller à la tristesse, et c'est avec un cœur en joie que j'arrive au couvent de la Dormition, où, dans la superbe chapelle des PP. Bénédictins allemands, a lieu la messe du pèlerinage. Cette église est élevée sur le lieu même où, d'après la tradition, mourut la Vierge Marie.

Après la messe, l'action de grâces et un déjeuner qui nous est servi dans le couvent, nous allons par groupes au Cénacle. Impression pénible et douloureuse à l'âme ! Ce lieu de l'institution de la Sainte Eucharistie, cette salle de la descente du Saint-Esprit sur les apôtres, est devenu maintenant une mosquée, occupée par des musulmans fanatiques qui ne nous permettent même pas de nous y agenouiller !... C'est en particulier et sans signe de croix que chacun des pèlerins doit réciter le *Pater* et l'*Ave* de l'Indulgence, et invoquer le Saint-Esprit. Après l'ascension, par un escalier étroit, de la tour carrée de la Dormition, il faut songer au retour à la chère hôtellerie. Nous en sommes loin ; la chaleur est forte ; aussi, après une courte halte chez les Arméniens, qui nous inondent d'eau de roses, pour y vénérer le lieu du martyre de saint Jacques, je regagne ma cellule où, un peu fatiguée, je me repose en mettant à jour ma correspondance. A midi, en un grand déjeuner, le consul général est reçu à Notre-Dame de France, par les PP. Assomptionnistes, en même temps que les supérieurs de tous les établissements religieux de Jérusalem.

A une table d'honneur, ayant en face de lui le P. Athanase, à sa droite le P. Borromée, à sa gauche un vénérable Franciscain à barbe blanche, puis le Prieur des Dominicains, le Cher Frère Evagre, le comte de P..., etc., M. le consul Gueyraud, charmant, gai, spirituel, répond, en un toast superbe, aux discours que lui ont adressés le P. Athanase et plusieurs autres autorités ; les applaudissements des spectateurs soulignent les phrases les plus marquantes de son toast, et le déjeuner se termine dans les chants, la gaîté, le contentement de chacun.

L'après-midi d'aujourd'hui n'a pas de programme bien arrêté.

Après une visite au patriarcat, où nous sommes reçus par Mgr Piccardo, en l'absence du patriarche, je fais un peu de correspondance, je vais, avec Mlle C..., à l'église russe, dans l'espoir d'y entendre des chants ; mais l'heure de l'office n'est pas venue, et les belles voix des chanteurs restent muettes ; enfin, je prépare le départ de demain pour Jéricho et le Jourdain.

Dans la soirée d'hier, je suis allée m'inscrire pour les trois excursions supplémentaires : Jéricho — la Samarie — le Thabor, et verser à l'économat le prix convenu.

M. de Saint-M... est souffrant, fatigué, avec mal de gorge, fièvre, etc. Il n'a pas paru au dîner de ce soir ; son voyage de demain me paraît bien compromis, et j'en suis tout attristée.

Après dîner, par une soirée ravissante de douceur, je monte sur l'immense terrasse de Notre-Dame de France, avec Mlles B..., C..., l'abbé P... et quelques autres ; et, pendant une heure, nous nous promenons sous le ciel étoilé, devisant gaîment entre nous, parlant des uns, des autres, relevant en une petite pointe d'ironie les ridicules de certains pèlerins, mais sans cesse ramenant nos yeux émus sur cette Jérusalem qui s'étale en un panorama merveilleux à nos pieds, et où nous venons de vivre des jours du ciel. La pensée du prochain départ m'attriste... Je m'en console en revenant à mon système, toujours le même, qui m'a si souvent réussi dans la vie : vivre au jour le jour, sans penser à demain !

JÉRUSALEM — JÉRICHO

Lundi 12 mai. — Encore une journée bonne à l'âme ! Ce matin, la station est à l'église Sainte-Anne, chez les PP. Blancs, qui nous attendent pour une messe chantée, avec sermon ; un déjeuner, et la liberté de descendre dans la crypte qui renferme le lieu de la Nativité de la Sainte Vierge.

Comme cette communauté des PP. Blancs a le privilège

d'habiter en territoire français, le consul général, M. Gueyraud, sa femme, ses secrétaires, etc., assistent en grande tenue
à notre cérémonie. Ils sont reçus dans le jardin par la fanfare,
qui, à leur sortie de l'église, les salue par la *Marseillaise*, pendant que tous les pèlerins réunis acclament cet air patriotique
de la France.

Le déjeuner à Notre-Dame de France a été avancé à
onze heures en raison du départ pour Jéricho qui est fixé à
midi et demi et pour éviter la précipitation du dernier moment.
D'après l'avis donné, on doit simplifier les bagages et n'emporter que les objets indispensables pour la nuit. Le voyage se
fait en voiture ; le choix et la composition de chacune sont
choses importantes : nous sommes cent vingt pèlerins et chaque voiture doit comprendre quatre personnes.

Mme B... et sa nièce, Mlle G..., me demandent de remonter
avec elles, et pour avoir un compagnon agréable, nous offrons
la quatrième place à un prêtre du diocèse de Pau, M. l'abbé P...,
qui est distingué, pieux, intelligent et bien élevé.

Le drogman Lolas, qui, grâce au bakchiche de Mme B..., a
un intérêt particulier à nous bien servir, nous choisit chevaux
et véhicule ; nous nous y installons, et, à l'heure fixée, les
trente équipages qui forment la caravane sortent de la cour de
Notre-Dame de France, pour prendre en bonne allure et en
une longue file la route de Jéricho.

Nos directeurs, pour cette excursion de deux jours, sont le
P. Hiéronyme, le P. Léopold, et aussi le cher P. Mamers.
Celui-ci, qui appartient à la maison de Jérusalem, est venu nous
chercher à Port-Saïd ; il nous accompagne partout et ne nous
quittera qu'à Beyrouth. Il a toutes nos préférences : toujours
aimable, gai, sérieux, savant, dévoué, intelligent, il s'exprime
avec clarté et sait intéresser même aux moindres détails. C'est
un bonheur pour nous que sa présence. La route suivie d'abord

est celle de Gethsémani, qui se continue en s'élevant jusqu'à Béthanie ; puis elle contourne la montagne, avant de la redescendre en d'interminables lacets, pour arriver à la Fontaine des Apôtres, et enfin à l'auberge du Bon Samaritain.

Là, une courte halte, qui nous permet de nous désaltérer et de faire provision de courage et d'endurance pour braver l'ardeur du soleil, la poussière du chemin, la longueur de la route. Et nous nous remettons en voiture pour continuer longtemps, longtemps, le ruban tortueux de route, à travers un pays inculte et désolé qui nous amène en plein désert. Là il faut quitter le chemin carrossable, pour suivre une piste qui contourne les montagnes de sable, qui escalade les fossés, au risque de nous verser à chaque tour de roue. Nous ne sommes qu'à demi-rassurés dans notre véhicule : il penche, il secoue, il cahote, il monte, il descend avec une telle accentuation que nous nous regardons, étonnés de nous retrouver encore assis, en face les uns des autres ! Enfin, nous y voilà ! La voilà, cette Mer Morte que j'ai tant désiré voir ! Nous y arrivons vers cinq heures, après quatre heures de voiture, en un parcours si accidenté, que nous sommes heureux de mettre enfin pied à terre.

Qu'en dire ?... Est-ce une désillusion ?... Je croyais trouver une mer triste, sombre, aux eaux étranges, dans une solitude désolée et troublante !... Souvenirs de l'enfance, où êtes-vous ?... Et, dans un cirque de hautes montagnes, dont un seul côté s'ouvre en plaine, je vois une eau claire, transparente, limpide, où toutes nos mains se plongent, où quelques prêtres se baignent les pieds, tandis que, à l'écart, quelques autres, plus téméraires ou plus courageux, se baignent tout entiers et nagent.

Le ciel est singulier : le soleil qui vient de se cacher, laisse le paysage dans une buée grise et vaporeuse qui lui donne un ton uniforme et sans joie. C'est bien la couleur qui convient à cette Mer Morte que, depuis l'enfance, je considérais comme une preuve de la vengeance divine !... Le P. Mamers nous explique son histoire ; nous redit l'emplacement de Sodome et Gomorrhe ; nous montre en face le mont Nébo, sur lequel mourut Moïse, en vue de la Terre Promise, sans pouvoir y entrer... et, l'heure passant, nous remontons en voiture pour gagner Jéricho où nous devons dîner et coucher.

Mon billet de logement porte : Hôtel Belle-Vue ! Avant de descendre de voiture, on nous conduit, en dehors de la ville, pour nous montrer la fontaine d'Elisée et l'emplacement de l'ancienne Jéricho de Josué, que des fouilles récentes ont fait retrouver, et, la nuit venue complète, nous arrivons enfin dans nos hôtels respectifs pour le dîner et le repos du soir. La chaleur, même à cette heure tardive, est accablante. Jéricho est à quatre cents mètres au-dessous de la Méditerranée. Pas d'air, pas la moindre fraîcheur. A dix heures du soir, lasse d'attendre un peu de brise qui ne vient pas, je vais me coucher, dans une chambre où, par hasard, je suis seule, après avoir fait dans la cour, en commun avec tous les pèlerins, devant un autel improvisé et fleuri de lauriers-roses, une courte prière du soir.

JÉRICHO — LE JOURDAIN — JÉRUSALEM

Mardi 13 mai. — Programme chargé ! Journée de fatigues dures et prolongées ! Matinée charmante par la douceur des impressions reçues ! Le lever sonne, à trois heures pour les prêtres, à quatre heures pour les autres pèlerins. C'est bien tôt, mais il faut aller au Jourdain pour y célébrer la messe, et la distance est d'une heure.

A cinq heures, je prends place dans une voiture, avec trois messieurs dont j'ignore les noms, ce qui me dispense de toute conversation et me permet de me recueillir en mes très douces émotions. La route non tracée est une piste dans les sables et les cailloux du désert ; le jour est encore à demi-obscur, et, en attendant le lever du soleil, le paysage et les montagnes se fondent dans une vapeur légère et ouatée qui nous annonce que la chaleur sera forte.

Nous devançons, sur la piste, un groupe compact et nombreux d'hommes, de femmes, d'enfants, qui marchent en procession, suivant une grande image de la Vierge portée sur un brancard par deux hommes. Leurs costumes nous indiquent qu'ils sont Russes ; ils semblent harassés, les pauvres gens, et, à leur vue, nous nous estimons heureux d'être en voiture. Les hommes portent les longs cheveux ; les femmes, à la peau blanche, tiennent en mains, dans un paquet pauvrement ficelé, les provisions de route ; nous les dépassons et, peu après, nous arrivons sur les bords du Jourdain.

Une tente a été dressée, sous laquelle, sur les autels portatifs, les messes se célèbrent depuis quatre heures du matin. L'office du pèlerinage est à six heures. Je m'agenouille dans le sable du désert, et là, pendant une heure, je me recueille dans les nombreux souvenirs que rappellent ce fleuve et ce coin de terre qui a gardé, lui du moins, toute sa sauvage poésie.

Ecce Agnus Dei ! Voici l'Agneau de Dieu ! Il vient à nous, en effet ; nous le recevons ; non plus visible, comme aux yeux de saint Jean, mais bien véritablement présent ! M. l'abbé L..., un prêtre zélé et pieux du diocèse d'Angoulême, en quelques mots touchants, nous rappelle le baptême de Jésus, par saint Jean-Baptiste, dans ce Jourdain, qui roule ses eaux verdâtres devant nous ; et il termine son discours en disant à haute voix les promesses du baptême, que trois fois les cent vingt pèlerins de la pénitence, présents au Jourdain, redisent après lui.

Par les soins du drogman, le brave Lolas, qui nous accompagne dans toutes nos excursions, le déjeuner du matin nous est servi en plein air : œufs frais, café au lait, pain, vin, etc., et, pendant que nos religieux sont occupés à ranger les ornements, à replier la tente, nous nous promenons sur les bords de ce fleuve qui tient tant de place dans nos souvenirs religieux.

Une barque est là ; j'y monte avec quelques autres pèlerins et, pendant un bon quart d'heure, nous nous promenons lentement sur les eaux du Jourdain, recueillant nos pensées, trempant nos mains dans l'eau froide, et cueillant sur les bords quelques feuilles des arbres qui ombragent les rives.

Au même moment, nous voyons arriver le groupe de pèlerins russes, dépassé sur le chemin. Ils ont à leur tête un prêtre aux longs cheveux, à la chappe d'or, qui tient en mains une croix et qui va présider la cérémonie pour laquelle ces pauvres gens viennent à pied de bien loin, de Jérusalem, nous dit-on. Les prières commencent ; elles sont dites par le pope, tourné vers le fleuve ; les Russes y répondent en chantant et s'unissent à leur prêtre, en multipliant les signes de croix et les prosternations.

Elle est si grande, la fatigue de ces pauvres gens, que plusieurs tombent par terre, où on les laisse se tordre de douleur, ou s'endormir sous le soleil de plomb, sans leur porter secours, ni s'en occuper.

Les oremus terminés, le pope en écharpe fait avancer la barque qui nous promenait tout à l'heure, y monte, s'éloigne de la rive et, bénissant les eaux et le fleuve tout entier, il y plonge une branche touffue cueillie sur les bords, avec laquelle il asperge toute la foule prosternée.

La cérémonie des Russes terminée, nous les laissons s'asseoir et se reposer à la place que nous leur abandonnons, pour rentrer à Jéricho. Le soleil s'est levé, très ardent ; il monte déjà haut sur nos têtes, et le retour dans ces sables brûlants, qui se soulèvent en épais tourbillons sous les pieds des chevaux, avec la reverbération du soleil, est si dur, qu'il nous enlève toute envie de parler. L'abbé P..., notre quatrième compagnon, est fatigué ; il ne s'est pas couché de la nuit ; il s'endort dans la voiture, en se plaignant de mal de tête. A l'hôtel, où nous rentrons vers neuf heures, tous les pèlerins d'ailleurs sont éreintés : la chaleur, la fatigue, le manque de sommeil. Ils s'étendent sur les sophas, les canapés, dans les fauteuils, sur les lits mêmes, et, pendant l'heure d'attente qui précède le déjeuner, un grand silence règne parmi nous.

A midi, par la chaleur torride et le soleil brûlant, nous remontons en voiture, pour le retour à Jérusalem. Notre compagnon, l'abbé P..., ne logeait pas au même hôtel que nous ; nous l'attendons, nous l'appelons... hélas ! on vient nous dire que le malheureux prêtre est malade : frappé d'une insolation, à son retour à l'hôtel, on a dû le coucher, le soigner ; le docteur, inquiet, le garde à Jéricho jusqu'au soir, et ne le ramènera à Jérusalem que dans la nuit, quand la chaleur sera moins intolérable. Sa place dans notre voiture est prise aussitôt par un Assomptionniste, le F. Bonaventure, qui, sans nous faire oublier l'abbé P..., nous est aussi un agréable compagnon.

Et courageusement, sans nous plaindre, nous reprenons la route de Jérusalem. Elle est longue, elle est écrasante de chaleur ; elle est pénible à tous, surtout quand, au bas d'une montagne aride, où le chemin est fait de pierres roulantes, de quartiers de rochers, de passages étroits entre des fondrières, nous devons mettre pied à terre et gravir à pied cette rude montée où les voitures à vide ont peine à passer.

Cinquante-six degrés sans un arbre, sans un coin d'ombre, sous un soleil éclatant, sur un sol brûlant, et il faut marcher, et il faut monter pendant une demi-heure !

Enfin nous y sommes ; les voitures nous rejoignent, nous nous y réinstallons et nous n'en descendrons plus que pour l'arrêt, reposant par son lunch, à l'auberge du Bon Samaritain. Le chemin que nous suivons est le même que celui d'hier et il est six heures environ quand nous rentrons à Notre-Dame de France. La fatigue est générale ! L'excursion a été dure malgré son intérêt. Le paysage désolé, les montagnes dénudées, les sables brûlants du désert, tout cet ensemble nous reste devant les yeux ; mais l'accueil affectueux, joyeux et parfait que nous recevons à la chère hôtellerie nous est reposant et doux, et c'est dans les chants qui fêtent notre retour, dans les discours qui nous souhaitent la bienvenue, dans les acclamations de nos compagnons, que nous oublions les fatigues, la poussière, la chaleur, pour aller de bonne heure retrouver nos chères cellules et y goûter, pendant deux nuits encore, un bienfaisant repos.

JÉRUSALEM

Mercredi 14 mai. — C'est mon dernier jour à Jérusalem, et mon cœur, attristé par cette pensée du départ, ne sait plus recueillir ses impressions. Elles sont nombreuses et touchantes, cependant, en cette matinée que nous consacrons à la visite du mont des Oliviers. La messe du pèlerinage est célébrée dans la toute petite mosquée de l'Ascension qui garde le rocher sur lequel le Christ se plaça pour s'élever dans le ciel, et où son pied resta marqué. Nous baisons cette empreinte, nous rêvons du ciel, où, avec la ferveur qui le caractérise, le Père Directeur nous donne à tous rendez-vous. Et nous allons prendre notre petit déjeuner dans le magnifique couvent de Carmélites qui s'élève tout à côté, au Carmel du Pater.

C'est là que, d'après la tradition, le Maître enseigna à ses apôtres la manière de prier et leur donna le *Notre Père...* Pour perpétuer ce souvenir, la prière divine est écrite en quarante langues ou idiomes différents dans le cloître du couvent.

Les voitures qui nous ont amenés de Jérusalem sont en attente pour y reconduire les pèlerins fatigués ou souffrants, tandis que les autres, encore valides ou plus courageux, partent à pied pour Béthanie. Je suis avec ces derniers et, malgré une légère fatigue de la nuit, je marche gaillardement dans le sentier pierreux qui conduit à l'endroit où habitaient les amis de Jésus. Plus rien ne reste de la maison, ni même du village d'autrefois ; à la place, s'est élevé un couvent de Passionnistes qui nous reçoivent avec une excellente camomille et nous font vénérer les reliques de sainte Marthe.

Alors, à cet endroit même, mon cœur s'émeut : des souvenirs, particuliers à moi, affluent à mon âme, et ma pensée, traversant les mers, va retrouver là-bas les chers amis qui, si souvent dans l'intimité, m'ont donné le nom de Marthe...Il est dix heures du matin, le soleil est chaud ; mais comment quitter Béthanie sans saluer le tombeau de Lazare ? J'y descends péniblement, grâce à la hauteur des marches et à la profondeur toute noire de la chambre sépulcrale, et sans m'y éterniser, retrouvant avec joie le jour et la vie, je prends place dans une voiture, après m'être débarrassée, par quelques sous, des nombreux enfants qui encombrent l'entrée du tombeau et qui me poursuivent de leur prière, toujours la même, partout : Bakchiche ! bakchiche !

L'après-midi de ce jour nous est laissé libre ; les rangements, malles, valises, lettres, correspondance occupent les heures qui passent trop vite. L'angoisse douloureuse du départ de demain étreint les cœurs ; on voudrait rester encore, prolonger le séjour dans la ville sainte ! Et il faut partir !...

Pendant ce séjour à Jérusalem, les groupes se sont définitivement formés selon les sympathies, et c'est tout naturellement qu'on se retrouve ensemble et tous les jours : Mme B... et sa nièce, Mlle G..., — mon amie C..., — Mlle Louise B..., Normande aux blonds cheveux, — Mlle Rita de M..., une jeune

Belge, l'enfant de notre groupe, gaie, intelligente, naïve, qui, avec son éducation tout américaine et son esprit d'indépendance, a déjà fait frémir d'indignation plus d'un esprit étroit, — le baron de Saint-M..., dont j'ai déjà parlé, — M. Maurice T..., jeune homme charmant et parfaitement élevé, qui fait le voyage, sous le patronage de sa tante, Mme T.... Parfois le docteur M... se joint à nous, quand son devoir lui permet de quitter un instant sa pharmacie ou sa salle de pansements.

Malheureusement pour moi, bien peu de mes amis partent demain pour la Samarie : M. de Saint-M..., fatigué et grippé, ne peut songer à faire ce long voyage en voiture ; Mlle C..., qui est l'infirmière du pèlerinage, est obligée de rester pour remplacer le docteur ; Mme B..., Mlle G..., Mlle B..., ne se sont pas fait inscrire. Notre voiture comprendra donc Mme T... et son neveu Maurice, Rita de M... et moi.

Il est six heures du soir ; mes malles sont terminées ; mes derniers préparatifs sont faits. J'ai du vague à l'âme !... Toute seule, je vais une dernière fois à la basilique du Saint-Sépulcre pour les adieux.

L'entrée du tombeau m'est facile, j'y reste longtemps agenouillée, abîmée dans une dernière prière pour moi et pour tous ceux qui me sont chers, à un titre quelconque ; mon âme est en paix, malgré la tristesse de mon prochain départ. Le Grec, gardien du Saint-Sépulcre, s'étonne de la longueur de mon oraison, et me fait comprendre, par sa mimique et son geste, que je dois laisser la place aux autres. Un dernier baiser sur la dalle de marbre ; un dernier adieu au tombeau du Christ ressuscité ; une dernière prière au Calvaire, à l'autel de la Crucifixion, devant la pierre de l'Onction, et, lentement, en me retournant encore, je quitte la basilique, je m'éloigne de ces lieux sacrés, en me promettant bien d'y revenir un jour.

Sur le parvis, je rencontre Agnès C... et Louise B..., qui

reviennent des bazars, acheter quelques souvenirs ; elles sont gaies, ravies de leurs acquisitions qu'elles déballent aussitôt devant moi ; leur joie dissipe ma tristesse, et ensemble nous rentrons à Notre-Dame de France pour notre dernier repas.

M. de Saint-M... est un peu mieux ce soir ; il vient reprendre sa place à table, à côté de moi ; mais il souffre encore. Le P. Antonin multiplie les avis au sujet du départ de demain ; je fais mes adieux aux chers Pères de cette maison qui nous a été à tous si hospitalière et je vais me coucher pour la dernière fois dans ma blanche cellule, en jetant un regard de regret sur Jérusalem endormie sous ce ciel étoilé et transparent qui a été témoin de la mort de Jésus !

NAPLOUSE

Jeudi 15 mai. — Dès cinq heures, il faut être debout pour le départ qui est fixé à sept heures. Nous sommes quarante « Samaritains », répartis en dix voitures. Il s'agit de bien choisir son véhicule car le voyage sera long. A six heures, ils sont tous alignés dans la cour et aussitôt pris d'assaut par les partants. Grâce à Lolas qui nous soigne, nous avons une bonne voiture, sorte de char à bancs recouvert de toile, avec deux forts chevaux et un cocher qu'on nous recommande. Le déjeuner est expédié rapidement, et, à l'heure exacte, nous sommes installés dans nos voitures.

Le brouhaha du départ, qui se mêle à l'appel des partants, aux derniers avis du P. Antonin, aux recommandations du P. Borromée, aux adieux répétés de chaque voiture, adoucit un peu ce que ce départ définitif de Jérusalem aurait de poignant. Il est impossible de s'isoler, de penser ; les larmes sont refoulées et remplacées par un sourire et un dernier signe de la main aux compagnons qui restent et qu'on retrouvera, samedi matin, au Mont-Carmel. C'est mieux ainsi. Nous sommes en route... On se regarde ; on s'installe aussi bien que possible sur son siège ; Mme T... est avec son neveu sur le banc du fond, je suis à côté de Rita de M... sur celui du milieu. L'étape sera dure ; mais le temps est bon et le soleil naissant disparaît un peu dans les nuages.

Le P. Mamers est notre guide ; le P. Jean-Baptiste, notre directeur. Toutes les têtes sont tournées vers la Ville Sainte que nous quittons pour toujours. Les âmes s'imprègnent d'une dernière vue ! et quand, arrivés sur le point culminant qui marque le commencement de la descente, les voitures s'arrêtent, le P. Mamers récite, à haute voix, un dernier *Pater* et un dernier *Ave*. Voilà notre adieu définitif à cette Jérusalem qui nous a donné d'inoubliables et d'incomparables émotions d'âme...

Je ne décrirai pas le chemin ; c'est une longue chevauchée à travers la Samarie ; pays cultivé, fertile, vert, reposant à l'œil, avec ses montagnes, ses vallées étroites, où parfois coule un mince filet d'eau ; ses plaines où le vent secoue en vagues frémissantes les immenses champs d'épis murs.

A El Birch, un court arrêt sur la route. Lolas nous fait nous rafraîchir et manger, ce qui nous permettra d'attendre le déjeuner, — qui a lieu à midi et demi à Loubban, en plein air, dans un enclos qu'ombragent de grands arbres et autour duquel coule un clair ruisseau.

Cette halte ne manque pas de pittoresque : assis par terre, en des attitudes plus ou moins reposantes, ils sont là, les quarante pèlerins de la Samarie. L'appétit donne du goût aux œufs durs et aux viandes froides qui composent le menu. Les questions s'échangent d'un bout à l'autre de notre table improvisée et quelques reconnaissances en résultent. C'est ainsi que je me trouve assise à côté d'un vénérable prêtre savoyard qui m'apprend qu'il a été curé de Lugrin, où il a connu mon frère, ma

belle-sœur ; c'est lui qui a baptisé ma nièce Elianne ! En en-
tendant prononcer mon nom, deux autres prêtres me regardent,
s'approchent de moi et me questionnent. Ils sont Francs-
Comtois, ceux-là, et ont souvent entendu parler de ma famille,
de moi, de ma sœur Magdeleine... Et tout un passé s'évoque :
1893... ; le Point-du-Jour...; Lourdes, en septembre...; l'abbé
E..., l'abbé T... ; la Grotte... ; le retour en chemin de fer... ;
certain voyage à Besançon, avec ma sœur Magdeleine... ; un
canari baptisé Jules... Je n'achève pas ! Pendant un grand quart
d'heure, j'oublie tout : et la Samarie et la Palestine et les gens
qui m'entourent ; mes yeux plongés dans le lointain passé ne
voient plus le coin de verdure qui nous abrite, ni le soleil qui
nous éclaire, ni les fleurs de grenadiers qui piquent de taches
sanglantes le vert brillant de leur feuillage, ni le ruisseau qui
murmure à nos pieds...

Je suis ramenée sur la terre, par le son de la corne du
P. Mamers, qui nous annonce la fin de l'arrêt et la reprise des
voitures.

Le chemin se continue, toujours un peu le même, malgré la
diversité du paysage : les montagnes, les vallées, les plaines
dans un pays fertile, cultivé et verdoyant. Des fleurs bordent
la route ; notre cocher descend pour aller nous en cueillir ;
nous en ornons l'intérieur de notre voiture, et le temps passe, et
l'espace se franchit, et à quatre heures environ, nous arrivons
au Puits de la Samaritaine.

Descendre de voiture, courir dans le petit sentier qui mène
à l'église grecque, en hâte, arriver à la crypte qui renferme ce
souvenir si touchant de la vie du Christ, c'est très vite fait.

Une grande tristesse me serre le cœur, en voyant que cette
église appartient aux Grecs ! Pauvres catholiques ! comme ils
tiennent peu de place dans cette Terre Sainte, le berceau de
leur religion !

Un pope à grands cheveux, en lévite crasseuse, nous reçoit à l'entrée de la crypte ; sans un mot français, il allume quatre bougies sur un plateau en fer-blanc, et le fixant à l'extrémité de la corde, il le fait descendre dans le puits, à la hauteur de l'eau, en nous invitant à regarder.

Le P. Jean-Baptiste nous lit la page de l'Evangile qui raconte cet épisode de la vie du Christ : « Seigneur ! donnez-moi à boire de cette eau qui jaillit jusqu'à la vie éternelle ! » et nous l'écoutons pieusement, tandis que, dans un coin, un prêtre grec vend des cartes postales et offre de l'eau du puits dans de petites bouteilles cachetées...

Quelques minutes après, nous sommes de nouveau dans nos voitures qui, en un quart d'heure, nous conduisent à Naplouse, l'ancienne Sichem, où nous devons passer la nuit.

La population de Naplouse est absolument hostile aux catholiques ; elle nous voit arriver avec défiance ; quelques poignées de sable sont jetées aux voitures ; les enfants poussent des cris injurieux ; aussi recommandation expresse est faite de ne pas s'aventurer seul dans les rues de la ville.

Nous descendons au presbytère, chez le prêtre catholique, où le P. Mamers, chargé de faire les logements, va prendre connaissance du gîte pour nous désigner nos chambres. Il me donne, à moi, une grande chambre à deux lits et il nomme Mlle de M... pour en occuper le second.

L'hospitalité est sommaire ; le confort et même certaines choses de première nécessité, sont ignorés dans ce vieux Sichem ; mais qu'importe !

J'entends quelques plaintes sur l'exiguïté des lits, sur la propreté douteuse des draps ; je vois le regard mécontent de Mlle de M..., qui ne sait pas assez dissimuler l'ennui qu'elle a de n'avoir pas une chambre pour elle seule ; je me garde bien d'en prendre souci, et, aussitôt installée, je me joins à tous les

pèlerins qui vont, sous l'égide de nos religieux et avec un guide,
visiter les rues sombres, sales et encombrées de Naplouse, et
surtout la synagogue où l'on garde, comme un trésor précieux,
un vieux parchemin, écrit, dit-on, par le petit-fils d'Aaron...

Le dîner du soir est servi chez le curé, par le curé lui-même.
Dîner simple, à peine suffisant pour les quarante affamés que
nous sommes. Nous admirons, du balcon qui précède nos
chambres, le paysage éclairé par la lune naissante, nous nous
couchons, après un court salut donné dans la pauvre église
catholique où, de tout notre cœur, nous prions pour nos frères
de pèlerinage, restés à Jérusalem.

NAPLOUSE — CAÏFFA — MONT-CARMEL

Vendredi 16 mai. — La seule messe de ce matin, à Naplouse,
est dite par le P. Jean-Baptiste ; tous nos prêtres y assistent
et y communient ; elle est suivie d'un excellent déjeuner :
œufs frais, confitures, oranges, café au lait ; à cinq heures,
tous réinstallés comme hier dans nos mêmes voitures, nous
reprenons notre traversée de la Samarie.

Le chemin est ravissant avec des arbres verts, des terres
cultivées, des fleurs de grenadiers et des parfums qui saturent
l'air ! Le temps aussi est charmant, à cette heure matinale,
avant le lever du soleil, et la première partie de cette journée,
commencée si tôt, est délicieuse !

La route, toujours accidentée, nous amène bientôt en vue de
Samarie. Il faut gagner la ville à pied, pendant que nos voitures vont nous attendre en continuant la route carrossable, de
l'autre côté du ravin et de la montagne sur laquelle est bâtie
Samarie. Le sentier est rude, un peu long ; par endroits il est
tellement étroit qu'il faut se ranger et se faire tout petit pour
laisser la bonne place aux ânes et aux chameaux pesamment

chargés. Mais, malgré la chaleur du soleil qui a percé les nuages, nous arrivons bientôt. Nous visitons l'ancienne basilique, dont une partie est devenue mosquée ; puis, à travers le dédale des rues, les places encombrées et les grands arbres des jardins, nous allons jusqu'aux ruines grandioses du temple d'Auguste.

La chaleur est forte ; je suis fatiguée ; depuis hier j'ai dû prendre des précautions contre l'épidémie régnante dans le pèlerinage, et quand, vers onze heures, dans le joli village de Selet, nous nous arrêtons pour un petit lunch, je suis obligée d'avoir recours au docteur, qui me fait prendre laudanum et acide lactique.

Le grand déjeuner a lieu, comme hier, en plein air, dans la petite ville de Djenin, où nous arrivons vers midi et demi. Sous un immense mûrier, qui nous donne l'ombre de son feuillage, on s'installe, on s'assied, et on mange un menu froid, sous les yeux ébahis et curieux de quelques soldats turcs qui essaient de faire la conversation avec nous.

Vers deux heures, nous remontons une dernière fois dans nos voitures, pour traverser l'immense et fertile plaine d'Esdrelon et enfin arriver, vers quatre heures, à la station d'Afouleh, d'où un train spécial nous amène à Caïffa. La dernière partie de ce long trajet en voiture me paraît interminable ; je devrais noter les souvenirs rencontrés sur le chemin : le champ de Jézraël, — la citerne de Joseph, — l'ancienne Béthulie de Judith et d'Holopherne... Mais la fatigue est venue ; par instant, mes yeux se ferment, et c'est avec joie que je me retrouve enfin sur pied après deux jours entiers de voiture.

Caïffa, c'est la mer retrouvée ; c'est le bon air salin ; c'est la brise fraîche qui repose ! Mais il faut encore remonter en voiture pour l'ascension du Mont-Carmel où nous couchons. Nous traversons d'abord la ville de Caïffa, en des ruelles étroites, tortueuses, dangereuses à nos équipages ; ruelles où grouille, en un désordre chatoyant, toute une population aux types variés ;

puis nous entrons dans la propriété des PP. Franciscains : des arbres verts, des fleurs aux vives couleurs, une vue admirable sur le port, sur la mer, sur la ville. Nous sommes arrivés !

Accueil plein de sourires, de charité, d'affection. On distribue les logements. Ma chambre est tout attirante : grande, propre, blanche, avec une fenêtre qui s'ouvre en perspective sur la mer, le port, l'entrée de la propriété ; je voudrais y demeurer longtemps ! Deux lits : Mlle de M... une fois encore m'est donnée pour compagne ; et, sans doute pour me faire oublier son peu d'amabilité de Naplouse, elle se croit obligée de se réjouir de mon voisinage imposé ! Je me fais très simple, peu encombrante pour ne pas la gêner, et grâce à de réciproques concessions, nous nous entendons très bien. Le dîner nous est servi dans un immense hall, distant du couvent, qu'on appelle le Nouveau Palais. Notre réunion du soir est pleine d'entrain, de gaîté, de cordialité ; il semble que l'entente entre nous soit plus complète, sans doute parce que nous sommes moins nombreux ; le P. Jean-Baptiste préside le repas, son petit discours de la fin est accueilli par des applaudissements et un rire général devant certaine tournure de phrase malheureuse, dont il rit le premier. Puis, après un salut du Saint-Sacrement, et malgré la lune qui éclaire merveilleusement tout le paysage, on se couche de bonne heure, en étouffant le regret de ne pouvoir passer la nuit dehors, à rêver !...

DU MONT-CARMEL A NAZARETH

Samedi 17 mai. — Réveillée par le jour splendide qui se lève, je me mets à la fenêtre : les premières voitures des pèlerins de Jérusalem arrivent au Carmel. Vite, on s'habille, on se hâte, on va les recevoir. Les pauvres !... leur figure ravagée, leur mine défaite, leur toilette sommaire et inachevée, nous disent assez que la traversée leur a été pénible ! En effet, mer houleuse à Jaffa, nous racontent-ils ; embarquement très difficile ; barques, pour gagner l'*Etoile*, secouées douloureusement pour les cœurs sensibles ; et mal de mer presque général une grande partie de la nuit ! Le pauvre P. Borromée n'a pas été épargné ; mais, malgré sa récente fatigue, il vient à nous pour s'inquiéter de notre long voyage à travers la Samarie, pour s'informer de nos santés, et pour nous faire encore mille recommandations pour l'avenir.

La messe du pèlerinage dans la jolie chapelle du Carmel, le petit déjeuner chez les bons Pères, quelques promenades dans le grand jardin occupent gaîment la matinée. On choisit des cartes, on écrit, on achète la fameuse liqueur du Carmel, verte ou jaune, après l'avoir goûtée. Les heures passent vite, trop vite ; on voudrait les retenir, et prolonger l'arrêt sur cette chère montagne si reposante et hospitalière... Impossible ! Le temps inexorable nous entraîne, et dès midi et demi, il faut, comme de pauvres juifs errants, remonter en voiture et continuer la route.

A onze heures, un grand et beau déjeuner réunit les deux cents pèlerins dans le Nouveau Palais. Le Père Prieur des Franciscains fait face au P. Borromée, lequel a à sa droite le consul de France à Caïffa. Les discours se succèdent : le prieur nous dit sa joie de nous recevoir ; le consul parle en termes choisis, bien que difficilement exprimés, de la France, de la place qu'elle tient en ce beau pays d'Orient, du rôle pacifique et religieux qu'elle y joue. Le P. Borromée, trouvant comme toujours le mot qui porte et va jusqu'au cœur, remercie l'un et l'autre, et on se lève en masse au milieu des bravos et des applaudissements.

Les véhicules que nous allons reprendre sont tous semblables, et un peu spéciaux à ce pays de Galilée où nous circulons : ce sont de grands chars à bancs, à trois sièges largement espacés, et recouverts par un toit en toile, avec des rideaux qui nous préserveront de l'ardeur du soleil. Deux ou trois chevaux. Je m'installe dans la voiture que nous a choisie Lolas, avec le baron de Saint-M..., bien remis de la grippe qui l'a retenu à Jérusalem, l'empêchant de faire Jéricho et la Samarie ; avec Mme B... et sa nièce, Mlle G... Je ne décrirai pas le chemin parcouru. Je regarde, j'admire, je parle peu. C'est d'abord la descente de la montagne du Carmel, dans la verdure, dans les arbres ; en dessous de nous, c'est la ville de Caïffa, la mer ; et sous le ciel, les beaux aigles, au vol plané, qui se montrent dans toute la majesté de leurs grandes ailes.

La ville traversée, nous longeons la mer ; puis, nous entrons dans les terres cultivées où les lourds épis frémissent sous le vent. Sous un arbre de la forêt, un léger repos pour manger et se rafraîchir. Un incident se produit : l'une des voitures, chargée de ses cinq pèlerins, apparaît comme dangereuse ; les roues cassées menacent de s'effondrer ; il n'est pas prudent de lui laisser continuer la route ; les voyageurs qui l'occupaient se dispersent, cherchant gîte dans les rares places restées libres des autres voitures : c'est ainsi que nous recevons avec nous M. l'abbé Le M..., qui nous restera jusqu'à Nazareth.

Après une longue ascension, faite dans des chemins pierreux, la vue se découvre et devient merveilleuse : à nos pieds, en immensité, s'étend la belle plaine d'Esdrelon que nous avons traversée hier, et, devant nous, dominant de toute sa hauteur les montagnes qui nous en séparent, le Mont-Thabor où nous serons demain.

A six heures du soir, sans aucun incident, nous apparaît enfin, au détour du chemin, la jolie bourgade de Nazareth, but de notre long voyage d'aujourd'hui. Dans un site ravissant, assis à mi-côte, dans un pli de la montagne, au milieu de ses arbres, de sa verdure et de sa lumière, ce village, où pendant de longues années vécut le Divin Sauveur, me semble enchanteur !

Sur la place nous descendons de voiture, et sans entrer dans les hôtels assignés à chacun, les deux cents pèlerins de la pénitence, formés en procession, se dirigent, aux chants des cantiques, dans la basilique de l'Annonciation. Là, encore une pieuse émotion pour l'âme quand, après un sermon, il nous est permis de descendre dans la crypte et de baiser, en une courte adoration, l'endroit même où s'accomplit le premier acte de la grande œuvre de l'Incarnation. On voit l'archange, s'inclinant respectueusement devant l'humble Vierge de Nazareth, et avec lui, on redit, dans un élan d'amour et de reconnaissance : *Ave, gratia plena !*

Je suis logée, avec la plupart des pèlerins, à Casa Nova : une chambre à quatre lits, dont trois seulement seront occupés par Mlle R..., Mlle L... et moi. En face, dans une même chambre (elles sont toutes pareilles), sont installées les trois jeunes filles de notre groupe : Agnès C..., Rita de M..., Louise B.... Mais, sur les trois, deux ce soir sont malades et obligées de se coucher en arrivant : Rita, avec un accès de fièvre qui compromet fort son départ pour le Thabor demain ; et Agnès, avec une migraine qui lui martèle la tête en une violente douleur.

Mlle Louise B... se dévoue, une fois de plus, à ses deux compagnes ; elle les couche, les soigne, les endort, et elle ne prend un peu de repos elle-même, que quand elle les voit toutes deux parfaitement endormies.

Cette douce et blonde Normande a un charme incomparable fait de douceur, de grâce et de dévouement. Elle est l'ange de notre groupe, tandis que Rita — l'enfant, comme nous disons — en est la jeunesse et l'éclat de rire.

Après le dîner, le P. Antonin donne des avis sérieux pour l'ascension du Thabor. On fait l'appel des inscrits : quelques-uns, fatigués par la Samarie, effrayés de la longue chevauchée en perspective, hésitent, partagés qu'ils sont entre la crainte de la fatigue et le désir de tout voir.

Mme M...-D... est de ce nombre : après s'être réjouie depuis plusieurs jours de cette ascension à cheval, elle y renonce à la dernière heure et finit par donner sa place à un prêtre. Pour ma part, je ne suis qu'à demi-rassurée ; mais à la grâce de Dieu ! C'est après une prière toute de confiance que je vais me coucher dans mon dortoir à trois, pour m'endormir aussitôt.

NAZARETH — MONT-THABOR

Dimanche 18 mai. — Levée dès cinq heures ce matin, je vais à la basilique bien avant l'heure fixée pour la messe du pèlerinage. Je descends dans la crypte où des messes se disent à quatre autels à la fois. Le P. Jean-Victor y arrive en même temps que moi ; j'ai la douce joie de pouvoir faire la sainte communion à sa messe, et, pendant une heure, agenouillée toute seule dans la grotte bénie, loin de la foule des pèlerins, toute à mon bonheur, je reste plongée dans une ardente prière pour moi, pour tous les miens, pour les chers aimés qui sont restés là-bas et dont le souvenir m'a suivie partout.

Encore une heure inoubliable dans ma vie.

Pendant ce temps, la messe du pèlerinage se dit, un sermon est fait aux pèlerins, et tous ensemble nous nous retrouvons à Casa Nova.

La matinée se passe à visiter, en procession, tous les sanctuaires de Nazareth qui gardent un souvenir de Jésus ou de Marie : l'atelier de saint Joseph, — la pierre de la Nutrition, — la Fontaine de la Vierge, — une église maronite où on nous reçoit avec chants et discours, — une église grecque catholique où, là encore, le prêtre nous souhaite la bienvenue et nous remercie de notre visite.

La chaleur se montre ardente, avec un soleil brûlant ; la marche lente de la procession fatigue les plus vaillants ; on rentre à Casa Nova à dix heures et demie et, jusqu'au déjeuner de midi, chacun se livre à son gré, au repos, à la correspondance ou aux charmes de la conversation.

Le départ pour le Thabor est fixé à deux heures et demie. Dès une heure, tous les chevaux sellés et bridés (et quelle bride !) sont sur la place du bourg, tenus en mains par les moukres qui doivent les accompagner. Le P. Antonin a laissé à chaque pèlerin le soin de choisir sa monture. Je me suis, pour ma part, confiée à Lolas, et lui glissant un bon bakchiche qu'il reçoit avec empressement, je lui demande de me donner un bon cheval avec une selle de dame.

La jolie Rita est guérie de sa fièvre, toute prête à partir ; Mme B..., élégante et impeccable, a revêtu un long pantalon en toile kaki qui lui permettra de monter à califourchon ; Mlle G... sera en amazone. Mlles B... et C... ne vont pas au Thabor.

A une heure et demie, on nous permet d'aller choisir et essayer nos chevaux, et aussitôt, c'est une prise d'assaut de tous ceux qui semblent les meilleurs. Le spectacle est curieux ! Sur la place, groupés en un désordre inexprimable, quatre-vingts chevaux sont là, tournés dans tous les sens ; les moukres crient, appellent, offrent leurs bêtes, s'agitent dans la crainte de ne pas trouver preneur.

Le P. Antonin, à califourchon sur un cheval blanc, l'essaye, le fait tourner, trotter, l'excite, examine soigneusement la selle, la bride : il est chargé de choisir la monture du P. Borromée qui préside l'excursion du Thabor, tandis que lui restera à Nazareth, pour aller en voiture demain à Tibériade.

Lolas, en connaisseur important, court de l'une à l'autre de ses préférées ; il installe Mme B... à califourchon sur un grand cheval bai ; il m'amène à moi un petit cheval gris-pommelé, avec une selle de dame ! Non sans difficulté je m'y perche ; mais la selle est mauvaise, mal sanglée, elle tourne déjà. Je me sens incapable de fournir trois heures de marche sur ma selle branlante, et je descends bien vite, en disant à Lolas que je veux monter à califourchon.

C'est téméraire, car mon costume et ma jupe étroite ne sont guère de mise ; alors comment faire ? Je vois toutes les dames monter à cheval en homme, sans souci de la tenue, et faisant comme les autres, j'enfourche gaillardement le petit cheval blanc que me présente Lolas.

J'y suis, m'y voilà ! Ce n'est pas la perfection ! et mon jupon bien baissé sur mes jambes, mon plus grand souci est de garder l'équilibre, sans grande certitude d'y réussir ! M. de Saint-M... me rassure, toujours plein d'attentions pour moi. Sa seule présence m'est une sécurité, tant j'ai confiance en lui, si j'ai besoin d'un secours.

Deux heures et demie. L'heure est venue ; tous les partants sont à cheval, nous sommes soixante-quinze. Le P. Borromée, superbe avec son grand air, bien drapé dans son burnous blanc, son casque entouré d'un long voile, se met en tête de la caravane ; il récite tout haut un *Ave, Maria,* et, saluant d'un geste et d'un tendre « au revoir », les amis qui restent jusqu'à demain à Nazareth ; les soixante-quinze pèlerins du Thabor se mettent en route. La route ? Indescriptible ! Un sentier étroit, tantôt serpentant entre les champs de blés murs ; tantôt montant, par des escaliers en rochers, à l'assaut des montagnes ; tantôt descendant dans des fondrières, à travers des blocs de pierres roulantes. Et cela, pendant trois heures !

Je ne suis pas fière ! Mes genoux se cramponnent désespérément contre mon cheval, pour me tenir droite, tandis que mes pieds s'appuient sur les étriers, faisant entrer dans mes pauvres mollets les nœuds des grosses cordes qui remplacent les sangles ; et aux passages plus difficiles, mes mains s'arc-boutent au pommeau de la selle. J'ai un moment de vrai regret pour avoir entrepris cette excursion, et une secrète envie d'être à la place de mes amies, Louise et Agnès qui sont restées là-bas !

En plus, mon cheval ne sait pas marcher au pas ; il trottine sans arrêt, pour arriver à se maintenir à l'allure des autres, et me secoue sans pitié. En quel état arriverai-je là-haut ? M. de Saint-M..., qui marche à mon côté, est si aimable pour moi, que peu à peu, pourtant, je m'aguerris, je m'habitue à mon cheval, et je me hasarde même parfois, dans les lacets de la montagne, à me retourner pour admirer la longue file indienne que nous formons, avec nos costumes bariolés, nos voiles flottants au vent et le pittoresque de nos accoutrements.

Enfin, nous arrivons au bas du Mont-Thabor ; l'ascension en est longue ; le sentier, raide et rocailleux ; les lacets, serrés, à tournants brusques ; mais nos chevaux sont solides, ils ont le pied sûr, et l'escalade se fait sans accident.

Je descends de cheval dans la cour du couvent ; mes jambes sont si raides, que j'ai besoin, pour ne pas tomber, du bras solide de M. de Saint-M... Une chaude camomille servie en plein air nous désaltère, nous repose, et aussitôt nous allons aux chambres qui nous ont été assignées. Comme à Nazareth, je suis logée avec Mlle R... et Mlle L... On nous adjoint Rita pour occuper le quatrième lit de notre grande chambre. Mlle R... n'en paraît pas contente ; moi, je me garde de toute plainte, surtout en voyant qu'à côté de la nôtre, les chambres sont transformées en dortoir de six et sept personnes.

Dès ce soir commence la visite des ruines ; nous y allons en groupe, et nous sommes saisis d'un véritable enthousiasme, en face de la vue merveilleuse qui s'offre à nos regards. Le P. Mamers, — qui nous a escortés à cheval, courant d'un bout à l'autre de la colonne pour s'informer des besoins de chacun, et qui a échangé pour la circonstance son chapeau noir contre le vrai turban blanc des Arabes, avec la corde en poils de chameau, — le P. Mamers nous explique tout ce que nous voyons : la plaine d'Esdrelon, la vallée du Jourdain, la Mer Morte ; il nous dit les noms des villages disséminés dans cette immensité... Perché sur la plus haute pierre des ruines sur lesquelles s'échelonnent en des attitudes pittoresques, les soixante-quinze pèlerins ; bien drapé dans son burnous blanc, un guide en mains, il nous lit l'histoire de la bataille qui fut le dernier soupir du royaume chrétien de Jérusalem.

Sa voix sonore et bien timbrée s'entend dans les moindres syllabes ; à ce jour tombant, aux derniers reflets du soleil qui se couche, il est beau, le P. Mamers ! Il a l'air d'un prophète inspiré. Aussi, quand il a fini, on voudrait l'entendre encore, et des applaudissements répétés le remercient de son intéressante lecture.

A sept heures et demie, le dîner nous réunit tous, gais, contents. Une courte bénédiction dans la chapelle pour finir cette dure journée de fatigue physique, mais si bonne et heureuse au moral, et on se sépare pour le repos de la nuit, gardant l'espoir d'une messe matinale, dans les ruines de l'ancienne basilique de sainte Hélène.

DU THABOR A TIBÉRIADE

Lundi 19 mai. — C'est au son du cor de chasse que nous sommes réveillés, ce matin, à quatre heures. Hélas ! le Thabor est enseveli dans un épais brouillard, qui enlève toute vue, qui enveloppe gens et choses d'un froid vif et qui rend impossible toute messe en plein air. Elles se disent dans la chapelle du couvent ; elles sont suivies d'un petit déjeuner, — et à six heures et demie, notre caravane se remet en marche.

La descente de la montagne est faite à pied par tout le monde, excepté par le P. Borromée, par le P. Mamers et par un prêtre de Bordeaux qui a mal au genou. Nos jambes, encore raides de la course à cheval d'hier, sont malhabiles dans ce sentier pierreux et très en pente ; nous marchons rapidement cependant. A mi-côte, le brouillard diminue ; il semble se faire plus léger ; les plaines du bas commencent à nous apparaître, d'abord ouatées et enveloppées d'une blanche mousseline, pour se dégager complètement quand nous arrivons en bas, dans le lieu où campent nos chevaux dans l'attente de leurs cavaliers. Le soleil se montre à l'horizon, d'abord comme une grosse boule rouge, sans rayon, pour devenir aveuglant et couvrir toute la terre de son éclatante chaleur.

A cheval, pour la longue étape de plus de cinq heures qui doit nous amener à Tibériade à onze heures et demie, pour déjeuner ! Je suis pleine de courage. Le P. Mamers voudrait me changer mon cheval, dont le trottinement perpétuel me fatigue ; mais je refuse : nous avons pris contact, lui et moi ; nous nous connaissons ; je le sais facile, doux, solide sur ses jambes ; je l'aime mieux qu'un inconnu. De plus je me sens mieux assise sur ma selle, plus solide aussi ; les cordes à nœuds ne me font plus mal. En route donc ! Et nous voilà partis...

Mêmes sentiers qu'hier ; même ruban étroit et pierreux, qui traverse les champs, qui monte, qui descend, et dans lequel la file des cavaliers marche à la même allure que la veille. Quelques chutes sans gravité : ici, c'est une selle qui tourne et dépose son cavalier bien doucement dans les blés ; là, c'est un cheval qui tombe, en escaladant un rocher, et entraîne le prêtre dans sa chute ; tous deux se relèvent et reprennent leur route, l'un portant l'autre.

Vers neuf heures, c'est l'arrêt obligatoire pour boire, manger, se reposer. Mon moukre me fait une mimique expressive pour m'expliquer qu'il a bien soif. J'ai pitié de lui : je lui offre du vin, qu'en bon musulman il refuse ; puis de l'eau, mais qu'il accepte avec regret. Ah ! je comprends ! ce qu'il veut c'est une orange, et je lui donne la mienne qu'il partage gentiment avec son frère.

Et, tous reposés par cette courte halte, la marche reprend. Le soleil brille, éblouissant ; pas un nuage au ciel pour en tempérer l'éclat ; la chaleur est excessive.

Enfin, la colonne arrive au sommet d'une montagne ; le P. Borromée s'arrête pour donner quelques avis de prudence, et, pendant quelques minutes, je reste fascinée d'admiration. Devant nous, à nos pieds, la mer de Galilée s'étale, coquette, limpide, nous montrant de loin une eau bleue et claire, qui reflète le ciel. Sur la rive, la jolie petite ville de Tibériade, avec ses maisons blanches ; et, de l'autre côté, dans le lointain, les montagnes, les collines, les anses, où s'abritaient autrefois les villes de Betzaïda, de Corozaïn, de Capharnaüm. Coup d'œil enchanteur ! Mais pour atteindre cette mer tentante, quelle descente à pic ! quel sentier rocailleux ! quel dernier effort à faire !... Quelques prêtres effrayés mettent pied à terre et dévalent à côté de leurs montures tenues en mains par les moukres. Je me cramponne sur mon cheval ; je me renverse littéralement sur la croupe de la bête qui me porte, et abandonnant à mon moukre la corde qui sert de bride, j'entreprends la vertigineuse descente.

Elle dure une heure ; mais, heureusement, elle se fait sans aucun accident pour personne. A onze heures et demie, nous arrivons enfin à Tibériade, en même temps que les voitures des pèlerins restés à Nazareth et que nous apercevons, descendant au trot la montagne qui fait face à la nôtre, sur la gauche.

La réunion s'opère ; tout le monde est à pied, et malgré la chaleur torride, on nous met en procession pour aller, au chant d'un *Ave, maris stella*, saluer saint Pierre dans la petite église de Casa Nova.

C'est là que je loge, au premier étage, dans une petite chambre à deux lits, dans laquelle on en a dressé un troisième. Mes compagnes sont les mêmes qu'au Thabor : Mlles R... et L...

Quel campement de bohême dans cette Casa Nova ! Les bons Pères, pour nous recevoir le plus nombreux possible, ont dressé partout lits de camp ou lits de fer ; il y en a dans le moindre coin libre ; ils s'alignent dans les corridors sans interruption ; ils encombrent les chambres ; ils s'étalent en plein air, jusque sur les terrasses ! Quelle nuit vont passer les pauvres prêtres, dans ces dortoirs improvisés et ouverts à tous les vents ! Heureusement que le froid est inconnu dans ce beau pays.

A deux heures et demie, après un déjeuner que la lenteur des servants rend interminable, on nous propose Capharnaüm en barques. C'est une joie ! aussi, malgré ma fatigue qui est grande pourtant, je cours avec tous à l'embarcadère, et aussitôt nous sommes assis dans sept grandes barques qui sont remorquées par un petit vapeur.

Le P. Mamers, qui nous accompagne, s'assied dans notre barque et nous explique sans se lasser jamais l'emplacement des villes d'autrefois, nous montre le petit village de Magdala. Il nous redit les épisodes de la vie du Christ, vécus sur ce lac : la pêche miraculeuse, — le sermon sur la montagne, — saint Pierre marchant sur les eaux, — la tempête pendant que Jésus dort dans la barque, — la multiplication des pains ! Que de souvenirs ! et comme on se sent pieusement ému, en sillonnant l'eau limpide de ce beau lac qui tient tant de place dans l'Evangile !

Le pays est enchanteur ! Sur la rive fleurissent à foison les lauriers-roses, et nos regards ravis fouillent l'horizon et les montagnes, comme s'ils devaient encore, comme autrefois, voir apparaître le divin Maître !

Après deux heures de barque, nous abordons à Capharnaüm ; en une course rapide, nous visitons les ruines de l'ancienne basilique, et comme si, seul, le lac avait quelque intérêt, nous reprenons, dans nos mêmes barques, le chemin du retour.

Qui dira jamais toute la poésie de ces heures exquises ? Dans le ciel toujours bleu, le soleil s'incline lentement, pour disparaître bientôt à l'horizon, tandis que la lune se lève et éclaire de sa lueur transparente les eaux pures de ce beau lac, où elle se reflète en un sillage argenté. Le jour baisse et la nuit approche. Nous nous taisons, laissant errer nos âmes en leurs multiples souvenirs ! Le P. Mamers, fatigué, s'est endormi, durement accoudé sur le rebord de la barque ; Rita, l'enfant espiègle et rieuse, s'est étendue sur les rames, et ses yeux se closent, sans éteindre le sourire de ses lèvres ; M. de Saint-M... est à côté de moi ; nous causons bas, nous redisant nos impressions, un peu les mêmes, comme sont semblables aussi nos sentiments intimes.

Et sans bruit, nos barques continuent à sillonner le lac pendant que, silencieusement, la nuit remplace le jour, et que dans la petite ville de Tibériade, où nous rentrons, l'obscurité s'éclaire des mille feux des habitations. Heures délicieuses, exquises, qu'on voudrait prolonger et qui demeurent à jamais vivantes pour le cœur !...

Une fois encore, dans l'église de Saint-Pierre, un salut réunit tous les pèlerins répartis dans les divers hôtels ; encore une promenade sur la terrasse de Casa Nova, pour voir, à la clarté de la lune, le lac, les montagnes, la ville ; et on se couche, un peu meurtri de la longue chevauchée du matin, un peu fatigué vraiment, mais gardant tout son courage, pour continuer le voyage jusqu'au bout.

Au retour du lac et de Capharnaüm, j'apprends que, ce matin, avant de quitter le Thabor, M. de Saint-M... a reçu dans la cuisse un coup de pied de cheval. Il souffre, il marche difficilement, et il n'a rien voulu dire au moment du départ pour ne pas inquiéter les amis qui s'intéressent à lui. Pourvu que cet accident n'ait aucune suite grave !

TIBÉRIADE — DAMAS

Mardi 20 mai. — Un lever matinal à quatre heures, — une messe de pèlerinage à cinq heures, — un rapide déjeuner, — et, les valises bouclées, il faut quitter Tibériade et continuer le programme.

C'est par le lac que nous partons, dans le sens opposé à Capharnaüm ; en une heure de traversée, nous arrivons à la gare de Simack où, à huit heures et demie, nous prenons le train pour Damas.

Notre groupe se resserre de plus en plus et, presque sans nous le dire, nous nous arrangeons pour nous retrouver toujours ensemble dans les mêmes compartiments. Aux changements de trains, l'un de nous se précipite et garde les places nécessaires aux autres. Je crois bien apercevoir quelques regards jaloux... J'entends les réflexions peu bienveillantes de certains prêtres ! A quoi bon s'y arrêter ?... D'ailleurs, dans le compartiment de première classe que nous prenons à Simack, nous ne sommes pas très favorisés et notre temps se passe en partie à faire la chasse... aux punaises, qui pullulent sur les coussins de velours. Les uns s'en inquiètent, les autres sont mordus ; certain reste incrédule sans qu'il nous faille longtemps pour le convaincre ; tous nous finissons par en rire. Nous déjeunons à midi et demi au buffet de Déraa.

Là un incident se produit : Dans la précipitation de la descente des wagons ; dans l'aveuglement du soleil et de la lumière, une vieille demoiselle, qui fait pour la treizième fois le voyage de Jérusalem, heurte un rail, tombe lourdement et va se frapper la tête sur le rail voisin. On se précipite à son aide, on la relève ; le sang coule d'une blessure qu'elle s'est faite à la tête ; le docteur arrive, on conduit la blessée à la pharmacie de la gare, où un pansement adroitement fait lui permet d'aller

dîner à son tour. Ce ne sera rien ! et dans un jour ou deux elle pourra reprendre sa vie de pèlerine.

Le chemin, parcouru depuis Simack, est des plus fleuris. On l'appelle « la vallée des roses », et notre temps se passe à regarder par les fenêtres de nos wagons, les superbes lauriers en pleines fleurs, et grands comme des arbres, qui donnent une note gaie et riante à tout le paysage.

A cinq heures, nous arrivons à Damas.

Le bon P. Antonin nous a donné à tous nos billets de logement ; je loge à l'hôtel Victoria, dans une chambre à trois lits, toujours avec les mêmes compagnes, Mlles R... et L... Cet hôtel, où nous amènent des voitures prises à la gare, est le meilleur de Damas, et son hall oriental et ses vastes galeries sur lesquelles ouvrent nos chambres, nous changent un peu de l'empilement de Tibériade.

Le dîner est annoncé pour huit heures ; nous avons le temps d'aller dès ce soir faire un tour aux bazars. Je sors avec Mme B..., Mlle G..., M. T..., le docteur M... ; mais je me sens fatiguée, mal à l'aise, avec des douleurs vives dans l'estomac et dans les reins... Je quitte mes compagnons, je rentre péniblement à l'hôtel où aussitôt je me mets au lit. Toute la soirée je souffre, prise de vomissements, de violentes douleurs, et un court instant je me demande, avec terreur, si je pourrai continuer mon voyage.

Mes amies C..., B..., P... se montrent dévouées et m'entourent de mille soins et attentions. Rita est charmante. Le docteur vient me voir, et m'ordonne de la camomille. Le cher P. Borromée lui-même s'inquiète de moi et me fait une petite visite. Sa vue, son serrement de mains, son mot affectueux, l'assurance de ses prières me valent mieux que tous les remèdes : à dix heures, mes douleurs se calment, les vomissements cessent et je m'endors.

DAMAS

Mercredi 21 mai. — Mauvais souvenirs de Damas ! Je reste au lit ce matin jusqu'à huit heures, encore fatiguée, mal à l'aise, et le docteur, comme le Père, m'ordonnent le repos.

Je ne saurai que par les autres pèlerins qu'ils vont en voiture à la messe à Ananie, qu'ils circulent, à leur gré, dans les bazars ; qu'ils vont, à deux heures, au mur de saint Paul et même en dehors de la ville, sur une montagne d'où on a une vue magnifique.

Je ne sors pas ; je reste toute la matinée étendue sur un sopha du hall, avec les autres malades de la caravane. Hélas ! le pauvre baron de Saint-M... est du nombre : mal à la tête, à l'estomac, douleurs vives à la cuisse, par suite du coup de pied de cheval reçu au Thabor, fièvre. Il s'est, en plus, trouvé mal à la messe de ce matin. Sans rien prendre, il se met au lit, pour y passer toute la journée, en si triste état, qu'on n'est pas sans inquiétudes à son endroit.

A cinq heures, me sentant mieux, je vais en voiture avec Mme B... à Saint-Jean-Damascène, où on nous donne le salut chez les Pères Jésuites.

Des rues étroites, tortueuses, mal pavées, impraticables aux voitures ; des bazars couverts, où circulent les chameaux, les ânes, les portefaix, les voitures, dans un embarras inextricable, avec des cris terrifiants : voilà tout ce que je verrai de Damas.

Six heures et demie. Je viens de voir M. de Saint-M... ; il ne va pas bien. Sans force, sans voix, avec une fièvre ardente, des douleurs de tête épouvantables, il vient en plus d'être pris de vomissements de bile. On s'inquiète de lui. Pourra-t-il partir demain avec le pèlerinage ? Question angoissante !

Cependant, après dîner, je retourne le voir ; il me semble moins mal ; le P. Borromée entre aussi chez lui ; ils prennent ensemble quelques dispositions pour le cas où le pauvre malade serait obligé de rester un jour de plus à Damas ; et, toujours un peu fatiguée moi-même, je me couche de bonne heure.

BAALBECK

Jeudi 22 mai. — Après une nuit de reposant sommeil, je me réveille tout à fait guérie et je m'habille en hâte, pour assister à la messe de pèlerinage que le R. P. Borromée dit dans le hall de l'hôtel, transformé en chapelle.

Je m'informe aussitôt de M. de Saint-M... Sa nuit a été assez bonne ; il a pu dormir ; la fièvre est tombée, le mal de tête a, en partie, disparu ; il pourra partir tout à l'heure avec nous. Dieu soit loué !

Nous prenons à la gare le train de huit heures vingt. Même à cette heure matinale, le soleil est déjà brûlant, et la chaleur s'annonce terrible.

Nous formons, comme hier, un compartiment complet avec les amis du groupe ; mais, pour éviter les inconvénients des coussins en velours, nous nous installons dans un compartiment de seconde, au grand scandale de certains prêtres grognons et jaloux.

Le déjeuner de midi et demi se prend au buffet de Raya. Et jusqu'à Baalbeck, la route est ravissante, bordée de roses, d'églantines qui parfument l'air et réjouissent la vue... Des arbres verts, des ruisseaux aux eaux claires et courantes, des champs cultivés : c'est un régal pour les yeux, après les paysages arides et désolés de la Judée et de Jéricho.

A trois heures, nous sommes à Baalbeck.

Mme T..., son neveu, M. de Saint-M... et moi, nous prenons une voiture, malgré la petite distance — que les autres franchissent à pied — qui sépare la gare des hôtels. Je suis logée au New-Hôtel, dans une chambre à deux lits, que je partage avec Mlle R.... J'entends Mme T... qui se plaint, qui gémit et fait sa figure des mauvais jours, parce qu'elle a une chambre à trois ! Mais comme malheureusement je n'y peux rien changer, je reste indifférente à son mécontentement et je me hâte de descendre pour aller, sous la conduite du Père directeur, retrouver les autres pèlerins logés dans cinq hôtels différents, et, tous ensemble, visiter les ruines de Baalbeck.

Les ruines ! Comment dire la majesté, les admirables proportions des ruines gigantesques de ce qui fut le plus beau temple du monde ?

Un guide instruit et documenté nous explique ce qu'était ce temple, son âge, son style, et, pendant deux heures, il nous promène des Propylées aux cours intérieures, des escaliers aux colonnes monumentales, puis au temple de Bacchus, nous faisant observer les détails des sculptures, le fini et le grandiose de l'ensemble, sans qu'aucun de nous manifeste le moindre ennui, ni la plus légère fatigue.

Nous terminons par les jolies ruines du temple de Vénus, et, circulant dans les rues tortueuses du village, où l'eau claire coule en de jolis ruisseaux et arrose les grands arbres verts et les fleurs embaumées, nous rentrons dans nos hôtels respectifs pour le dîner du soir et le coucher, qui nous reposera de nos fatigues d'aujourd'hui, en préparation à celles de demain.

La soirée est idéale : sous un ciel parsemé de milliers d'étoiles, dans un air embaumé de toutes les senteurs des plantes, on voudrait prolonger son rêve... Sur le balcon du premier étage, bien dissimulée aux regards indiscrets, « l'enfant » cause doucement avec M. T.... Je dis mon chapelet en me promenant dans leur voisinage, mais sans dévoiler leur retraite, car je sens que les jalousies s'éveillent autour de notre groupe, et que les allures de Mlle de M... ont déjà révolté les esprits étroits, trop nombreux, hélas ! dans notre pèlerinage !

BEYROUTH — SUR « L'ÉTOILE »

Vendredi 23 mai. — Encore un peu fatiguée par ma secousse de Damas, je me dispense de la messe de ce matin, qui se dit à cinq heures et demie dans une chapelle de rite grec uni, assez éloignée de l'hôtel, et aussitôt après un rapide déjeuner, on annonce le départ pour la gare où nous prenons un train à sept heures vingt.

A Raya, un changement pour prendre la direction de Beyrouth où nous arrivons à midi et demi.

La route est merveilleuse ! C'est d'abord l'immense plaine qui sépare le Liban de l'anti-Liban, où, dans chaque coin, comme dans le moindre pli des montagnes, s'étale ou se cache un riant village. En quittant Raya, notre train longe d'abord le pied du Liban, pour en commencer ensuite la longue ascension, par une voie ferrée, coupée de tunnels, de lacets, de jolies échappées de vue, et enfin arriver au sommet, d'où nous admirons, en un panorama splendide, la mer, la ville de Beyrouth et un paysage merveilleux de végétation, de fleurs, d'habitations, de villages groupés dans la verdure. C'est la dernière étape de notre voyage sur terre ; tout à l'heure, nous arriverons à Beyrouth, au port, à *l'Etoile,* qui nous attend là-bas, doucement balancée sur ses ancres ; nous y retrouverons nos cabines, que nous ne quitterons plus pour la nuit, avant l'arrivée à Marseille.

Un dernier lunch, servi dans les wagons par les soins du bon drogman Lolas, occupe et distrait pendant la dernière partie du voyage, et à midi et demi tous les pèlerins se retrouvent assis dans les salles à manger de *l'Etoile,* pour le déjeuner. Le bateau n'est pas tout à fait à quai, mais en quelques coups de rames les petites barques nous y conduisent.

Une impression de vrai contentement, en retrouvant ma

toute petite cabine à trois, si encombrée pourtant ; ma dure et étroite couchette, si peu confortable ; ma place, à table, entre Mlle P... et M. René Le C.... Cette vie errante, avec son coucher dans un endroit différent chaque soir, avec ses repas pris à la diable, sans heure fixe, finissait par fatiguer, et je me laisse aller à la joie du repos sur notre chère *Etoile*, gardant l'espoir d'une mer calme qui nous préservera du mal de mer. A deux heures et demie, les groupes se forment pour aller visiter la fameuse université des Pères Jésuites à Beyrouth, en jetant au passage un rapide coup d'œil sur les bazars. Je ne fais qu'une partie du chemin avec les pèlerins, et, m'isolant avec Rita, je renonce à voir l'Université pour faire quelques courses dans la ville.

Le temps s'est couvert ; il fait chaud et lourd, quoique sans soleil, et quelques grosses gouttes de pluie tombent et nous rafraîchissent, alors qu'accompagnées par un brave prêtre grec catholique, nous rentrons sur *l'Etoile*.

Le départ est fixé à quatre heures et demie, et avant de reprendre la mer il faut nous séparer du cher P. Mamers, qui retourne à Jérusalem, après nous avoir été, depuis Port-Saïd, un incomparable guide. Les adieux sont touchants, tristes, émus ! Il a été pour nous si bon toujours, si gai, si dévoué et si intéressant partout ! Les séparations sont toujours douloureuses, et celle-là l'est davantage encore, parce qu'elle commence la grande dislocation des deux cents pèlerins de *l'Etoile !*... Lolas aussi nous quitte ; son office de drogman est terminé. Il nous serre les mains, il multiplie ses protestations d'amitié, il remercie des backchiches qui affluent. Brave homme ! même si son amitié est intéressée, elle fait du bien et elle est bonne !

Quatre heures et demie. Un coup de cloche ; un dernier adieu à ceux qui restent à terre ; l'échelle est levée, et *l'Etoile* s'éloigne lentement du quai, sort du port, prend la mer, tandis que là-bas le P. Mamers agite son mouchoir, salue de la main et part enfin pour retourner à sa vie de religieux, à Jérusalem, au devoir.

Et sur le bateau où la vie du bord va reprendre, on se regarde, on se cherche, on s'installe à sa place préférée sur le pont ; on échange ses impressions et ses souvenirs.

J'apprends que l'on cause fort de notre groupe... Les potins inévitables vont leur train ; personne n'est épargné ; on invente, on dénature les faits, on juge les intentions secrètes, on raconte mille choses fausses et stupides. Mme B... et Mlle Louise B... se troublent ; M. de Saint-M... s'inquiète ; moi, j'en ris ! Ma conscience est si tranquille que je suis bien en paix. Le soir, l'une de nous s'en ouvre au P. Noël, en lui répétant ce que les méchants, les envieux, les jaloux colportent tout bas. Il nous rassure : loin d'être à l'index, notre groupe est très apprécié à la direction, où tous les religieux nous estiment et nous aiment. Après cette affirmation, que nous importent les potins de quelques méchants jaloux !

D'ailleurs, dès le soir, à la chapelle, après la prière et le salut, le cher Père Directeur ressaisit chacune des âmes de son petit troupeau ; il donne ses avis avec le grand cœur qui le caractérise ; il nous annonce un changement d'itinéraire dans notre programme : Pour éviter une quarantaine menaçante, on nous conduit d'abord à Athènes, avant d'aller à Constantinople. Ce changement allonge le parcours, augmente les dépenses, retardera peut-être de quelques heures le retour à Marseille ; mais la Direction ne recule devant aucun ennui, aucune fatigue, aucune dépense pour nous satisfaire, et pour ne rien supprimer du programme tracé au départ.

Avec une délicatesse infinie, il invite les prêtres à reprendre leur costume ecclésiastique, que beaucoup avaient modifié, transformé, supprimé même pendant les excursions à la chaleur d'Orient : les chapeaux de toile blanche, les casquettes avec de longs voiles pour préserver les nuques, avaient remplacé les chapeaux noirs ; les gandourahs blanches avaient caché les soutanes ; même quelques pantalons de toile jaune avaient remplacé les pantalons noirs des prêtres en costume laïque. Demain matin nos prêtres redeviendront des ecclésiastiques en vrai costume, et le bateau tout entier aura gagné à cette bonne tenue.

EN MER

Samedi 24 mai. — En raison de la fatigue générale, notre messe ne se dit qu'à huit heures. Elle est suivie de la méditation que nous fait chaque jour le P. Borromée et qui est particulièrement touchante ce matin : « O Jésus, prenez mon cœur ! » Les pensées se perdent dans l'infini, dans l'amour, dans la confiance ; une immense paix vient à l'âme !

La mer est calme, belle, tranquille... Des côtes apparaissent dans le lointain : c'est l'île de Chypre !

Et la douce vie du bord reprend son cours régulier sans monotonie : le chapelet ; le chemin de la Croix.

J'écris toute la matinée.

Vers quatre heures, la mer devient houleuse : le tangage... le roulis ! Les cœurs sensibles s'alarment ; quelques dames disparaissent dans leurs cabines ; le plus grand nombre des pèlerins s'étend silencieusement sur les fauteuils de sangle ; les figures pâlissent. Non loin de moi, un peu à l'arrière, le chanoine L..., de Toulouse, étendu sur sa chaise longue, lutte énergiquement contre l'envahissement du fâcheux mal de mer. Mme T... est assise à côté de lui, sans parler à personne et toute à ses pensées. Tout à coup, le pauvre chanoine, vaincu par la maladie, veut se lever pour gagner le bastingage... Il n'en a pas le temps ! et sur le pont, sur la robe de Mme T... Je n'achève pas ! Un éclat de rire général des spectateurs souligne ce geste bien involontaire ; le pauvre abbé veut s'excuser auprès de sa voisine ; mais celle-ci, indignée, irritée, sans vouloir rien entendre, s'est précipitée dans sa cabine pour essayer de faire réparer le désastre causé à sa toilette. Et quand elle reparaît pour le dîner du soir, Mme T... n'est pas calmée ; ses yeux disent encore son mécontentement ; elle gémit, elle accable de reproches le malheureux abbé ; elle parle même de débarquer à Constantinople, pour ne plus être exposée « sur ce mauvais bateau » — dit-elle — à semblable aventure !

Toute ma soirée se passe à lutter, moi aussi ; mais plus heureuse que d'autres, et grâce, sans doute, à un repos absolu au grand air, je ne suis pas malade. Je peux même, à cinq heures, me confesser dans la chapelle, malgré le roulis qui me pousse au fond du confessionnal contre lequel je m'appuie. Je dîne peu, sans m'asseoir, dans la salle à manger ; je suis assez bien pour assister à la courte prière du soir et au salut ; et à neuf heures je me mets au lit, alors que déjà le tangage est moins fort et que, lentement, la mer reprend son beau calme de tous les jours.

EN MER

Dimanche 25 mai. — « Rhodes dans une demi-heure ! » C'est par cette phrase prononcée à haute voix, dans toutes les cursives, que le P. Antonin nous réveille ce matin. Le spectacle en vaut la peine : nous passons tout près de cette ville de Rhodes qui, autrefois, a joué un si grand rôle dans l'histoire ; nous regardons ; nous fouillons avec nos lorgnettes à travers les rues de la vieille cité, peut-être pour y retrouver le fameux Colosse ?... Et, quand sonne l'heure de la messe, la ville commence déjà à disparaître derrière nous. La messe chantée pour l'équipage a lieu à neuf heures, comme tous les dimanches, avec un joli et court sermon sur le Saint-Sacrement dont c'est aujourd'hui la fête.

Puis la vie continue sur notre chère *Étoile,* toujours un peu la même, bien que sans monotonie. Presque tout le jour, les côtes sont en vue : ce sont toutes les îles de l'Archipel que nous longeons, que nous contournons, que nous laissons loin derrière nous.

On devise sur les ponts avec ceux et celles qui sont plus sympathiques. La meilleure entente ne cesse de régner parmi tous les pèlerins, et ce sera un des caractères très marquants de notre croisière que ce support mutuel et cette charité qui règne entre tous.

J'écris tout l'après-midi, me dispensant même du chant des vêpres, qui ont lieu à deux heures. A quatre heures et demie, nous sommes tous de nouveau réunis dans la chère petite chapelle du bord, pour fêter le Saint-Sacrement par une belle procession.

Comme pour le mois de Marie, le reposoir a été dressé, en-dessous de la lourde Croix rapportée de Jérusalem, sur l'avant du bateau très joliment décoré, avec des rames, avec une partie du gouvernail de secours qui, semblable à un petit dôme argenté, sert de couronne à l'ostensoir d'or ; avec des fleurs, avec des lumières. Nous y arrivons en une longue et pieuse procession, au chant du *Pange, lingua* ; et lorsque les deux cents pèlerins sont tous agenouillés, les yeux levés vers la blanche Hostie, le Père Directeur prend la parole !... Il se surpasse encore ce soir. Son discours est une prière ardente, émouvante, élevée, au Dieu de l'Eucharistie !... Les yeux se mouillent ; les âmes frissonnent ; et les cœurs montent jusqu'à Dieu, en un puissant cri d'amour et de reconnaissance.

La procession rentrée à la chapelle, on donne un salut solennel du Très Saint-Sacrement. Cette Fête-Dieu à bord de *l'Etoile* restera comme un des très doux souvenirs du pèlerinage.

Pendant que, sur la terre de France, dans notre lointaine patrie, les êtres aimés sont réunis dans les églises, les couvents, les cathédrales pour adorer la blanche Hostie, la petite barque des pèlerins de la pénitence, perdue au milieu de l'immensité des flots, porte, elle aussi, le Dieu Sauveur, le Dieu-Eucharistie, et tous ces chrétiens, réunis, malgré l'espace, dans un même sentiment d'amour, se prosternent et adorent !

Comme hier et presque à la même heure, la mer se trouble, s'agite ; la lame se creuse, profonde, pour rejaillir avec force contre les flancs de notre pauvre navire, qui continue noblement sa marche glissante sur les flots. Mais le tangage, qui n'est pas ce soir doublé du roulis, ne fatigue aucun estomac et les plus craintifs du mal de mer se tiennent fièrement debout, jusqu'au soir. On abrège la soirée d'ailleurs, et c'est raisonnable, en l'attente de la journée de demain !

ATHÈNES

Lundi 26 mai. — Le réveil sonne ce matin encore à cinq heures et la messe de pèlerinage se dit à six heures pour nous permettre d'admirer l'entrée du Pirée. Nous y arrivons à sept heures par un soleil merveilleux. Le Pirée ?... C'est Athènes ! c'est l'Acropole avec ses marbres, ses colonnes, ses temples, ses merveilles. On se presse sur le pont, on interroge l'horizon, on aperçoit des ruines dans le lointain. Cependant le débarquement s'éternise ; *l'Etoile* tourne, retourne, essaye, sans y réussir, de se faufiler entre les nombreux navires amarrés au port... Pourquoi ces singulières manœuvres ? Nous en avons enfin l'explication : on nous a envoyé un pilote qui ne connaît rien à son métier ; il nous fait même courir, dit-on, quelque danger d'abordage. Un nouveau pilote monte à bord, et en quelques minutes place *l'Etoile* dans l'endroit même où elle peut ancrer. Mais ce retard nous a fait perdre un long temps, et il est neuf heures quand nous pouvons enfin nous asseoir dans les petites barques qui nous conduisent à quai, au chant de l'*Ave, maris stella.*

Le beau port du Pirée est encombré de centaines de navires ; tous sont là, ancrés à quai, dans des attitudes de repos, de mort, qui impressionnent tristement, quand on songe au résultat de la guerre : cessation de toutes transactions, ruines inévitables pour tant de gens.

Aussitôt à terre, nous sommes à la gare et en wagon pour la demi-heure de trajet qui nous mène à Athènes, à quelques pas de l'Acropole.

Un guide nous attend qui va nous promener pendant une heure dans ces ruines merveilleuses, en nous les expliquant, nous disant leur âge, leur histoire. C'est le temple de Thésée d'abord, avec son enceinte de colonnes si bien conservées, dont nous faisons le tour avant de prendre place dans les bons landaus qui nous conduisent au sommet de l'Acropole.

L'Aréopage et son rocher qui a résisté aux attaques des siècles ! les Propylées ! le temple de la Victoire sans ailes : un vrai bijou ! le Parthénon ! je ne peux tout énumérer. Je vais d'admiration en admiration, en une telle joie pour mon âme d'artiste, que je ne me croyais pas capable d'en éprouver une semblable !

A l'extrémité de l'Acropole, sur une terrasse où nous suivons le guide, nos regards ravis plongent sur toute la ville d'Athènes. Elle est là, sous nos yeux, la cité moderne, qui a gardé son nom ancien et illustre, avec ses larges rues droites, ses maisons blanches et riches, ses jardins, ses arbres verts, ses fleurs, ses monuments, son palais royal. A gauche, dans un lointain que couvre la brume, c'est le Pirée, son port, ses bateaux, la mer, l'immensité !

Plus près de nous, sous nos pieds, quelques colonnes, debout, de ce qui fut le temple de Jupiter, et, un peu à droite, l'immense stade construit récemment par un riche Grec, pour y faire revivre les jeux athlétiques d'autrefois.

Le présent s'installant à côté de l'immortel passé ! Le moderne luttant, sans succès, avec l'ancien !

La visite de l'Acropole terminée, dans ses moindres détails, nos voitures nous mènent au théâtre de Bacchus, où Rita, avec sa naïveté un peu perverse, et, sous prétexte de se mettre à l'ombre, va chercher gîte et s'asseoir sous le bras d'un gigantesque satyre. On rit, on s'étonne de son geste, et on se demande si « l'enfant » pèche par excès de naïveté ou par finesse de perversité ? Drôle de petite bonne femme, que cette jeune Belge de vingt et un ans, gaie, fraîche, souriante, intelligente, instruite, qui est le rire perpétuel de notre groupe, et que chacun se prend à aimer pour sa franchise, la spontanéité de ses réparties et la pureté de son regard.

Elle nous laissera un vide quand, demain, à Constantinople, elle quittera le pèlerinage et nous dira adieu, pour continuer sa vie de liberté, de dévouement, de voyages et d'aventures !...

Le Musée d'Athènes ?... une merveille qu'on ne nous laisse pas le temps d'admirer ; une série de salles, qui s'enchevêtrent les unes dans les autres, qu'on nous fait traverser en courant, avec quelques explications rapides.

Il fait chaud, il est tard, les estomacs se creusent, et on nous a prévenus qu'on ne déjeunerait qu'au retour, sur l'*Etoile*, à deux heures de l'après-midi ! Aussi, beaucoup d'entre nous se décident à manger à leurs frais et à rester à terre, dans Athènes, jusqu'à l'embarquement pour Constantinople, qui est fixé à cinq heures. Le baron de Saint-M... met une infinie délicatesse à me demander de partager son déjeuner à l'hôtel de la Minerve. Il connaît la Grèce et serait désireux de cir-

culer un peu plus longtemps dans les rues d'Athènes... Sans
grande hésitation, j'accepte son aimable invitation et, en sortant
du Musée, alors que les voitures conduisent les autres pèlerins
dans un couvent de religieuses, où on leur offre un très léger
lunch, nous allons tous deux à l'hôtel où, rafraîchis par un peu
de toilette, nous faisons un excellent déjeuner.

Nous ne sommes pas les seuls, d'ailleurs : à la table voisine
de la nôtre, l'archiprêtre de Pau reçoit, au champagne, l'abbé
P..., puis un jeune prêtre des Landes, et Mlle R..., ma compagne de cabine. A table d'hôte, trois ou quatre pèlerins en
sont déjà au rôti, tandis que, tout seul dans son coin, le commandant de L... achève son café.

Pendant qu'après déjeuner M. de Saint-M... va porter sa
carte chez la princesse Marie et s'inscrire sur le registre du
palais royal, je circule dans les rues d'Athènes ; j'achète des
cartes postales, et, sans nous éterniser, pour ne pas être en
retard, une voiture nous conduit à la poste, puis à la gare pour
le train du Pirée et enfin nous arrivons à *l'Etoile* pour quatre
heures et demie.

Dans la petite barque qui nous conduit du quai au bateau,
parmi les pèlerins qui y ont déjà pris place, nous reconnaissons
M. Maurice T..., ce jeune homme charmant qui fait partie de
notre groupe ; mais sa figure est soucieuse, il semble triste.
Pourquoi ? Je l'interroge, je le questionne... Il nous apprend
alors que, pendant que nous visitions l'Acropole, sa tante,
Mme T..., restée à l'hôtel, avait consulté l'indicateur, et que,
encore émue du petit accident arrivé à son costume, par suite
de la maladie du chanoine L..., fatiguée d'ailleurs de la rapidité de notre voyage et du manque de confort de sa cabine,
elle venait de renoncer à continuer le pèlerinage avec nous ;
elle avait définitivement quitté *l'Etoile* pour aller de son côté,
à son gré, à ses frais et à sa fantaisie, jusqu'à Naples, où son

neveu la retrouverait dans quelques jours. Il vient de la conduire à la gare avec tous ses bagages : de là sa vague tristesse...

Quand nous rentrons à bord, nous saluons sur *l'Etoile* l'archevêque d'Athènes, Mᵍʳ Petit, qui, ancien Assomptionniste, ami intime du P. Antonin, est venu revoir les quelques religieux, ses frères, qui sont sur le bateau, et déjeuner avec le P. Borromée, au milieu des pèlerins.

Quatre heures et demie. Un coup de cloche nous réunit tous à la chapelle où le P. Borromée adresse à Mᵍʳ Petit un discours ému, auquel Sa Grandeur répond avec tout son cœur ; puis on nous donne un salut solennel du Saint-Sacrement. Aussitôt après, Mᵍʳ Petit bénit d'un geste paternel tous les pèlerins groupés sur le pont, quitte *l'Etoile*, monte dans sa petite barque et gagne lentement le quai, en saluant encore une dernière fois les chers religieux, ses frères, que nous avons pour directeurs.

Il est cinq heures, c'est le départ : les ancres sont levées, le bateau, lentement, reprend la direction de la pleine mer, l'*Ave, maris stella* est chanté comme adieu au Pirée, à Athènes, à la Grèce ; et chaque pèlerin, en attendant le dîner, retourne à sa cabine, à son fauteuil de repos, à son poste d'observation sur le bastingage, ou à une conversation interrompue.

La mer est d'huile ; pas le plus léger mouvement à notre petit navire ; le ciel sans soleil est devenu tout gris. Sortant d'un nuage, comme un gros disque rouge, l'astre du jour disparaît dans la mer, et bien vite, tout de suite, le soir est venu ; c'est la nuit !

Athènes a disparu, avec son Acropole, ses ruines, ses merveilles, son port. Quand je me couche, à dix heures, *l'Etoile* vogue toujours sans secousse et, au plus loin que perce le regard, on ne voit plus que la mer et le ciel.

— 112 —

EN MER

Mardi 27 mai. — Aucun incident à noter depuis ce matin. C'est la messe du pèlerinage à sept heures ; c'est le chapelet commenté à neuf heures ; c'est la vie du bord, avec son charme tranquille et prenant : les douces causeries avec ceux que rapproche une commune sympathie ; le regard perdu dans l'immensité ; les pensées hautes et saines pour ceux qui réfléchissent.

Quelques côtes s'aperçoivent dans le lointain : c'est Mitylène, la plus grande des îles de l'Archipel, — c'est Ténédos, — c'est Troie, avec tous ses souvenirs, — c'est encore Lemnos, qui évoque la pensée de Vulcain et des Cyclopes... A trois heures, on nous annonce l'entrée des Dardanelles. Coup d'œil merveilleux !...

L'Etoile ralentit sa marche, hisse les pavillons, salue le poste turc, qui répond à nos signaux, en nous donnant libre entrée dans le détroit, et s'avance, majestueuse et coquette, à côté d'un gros navire de commerce qu'elle devance bientôt, comme pour lui montrer le chemin.

Nous regardons sans nous lasser, tous intéressés par la flotte turque et ses bateaux militaires qui sont au repos dans le détroit. A droite, à gauche et tout près, c'est la terre ; on distingue les habitations ; on entend les commandements des soldats à l'exercice ; on voit briller l'acier des nombreux canons qui bordent la côte.

Un des pèlerins, M. M..., doit faire à quatre heures une conférence sur Constantinople, où nous serons demain ; mais le paysage est si captivant, qu'il faut plusieurs coups de cloche pour décider les pèlerins à abandonner leur poste. Enfin, à cinq heures, nous sommes tous réunis pour entendre le conférencier ; et pendant trois quarts d'heure, qui nous semblent à peine vingt minutes, il tient sous le charme tout son auditoire.

Le dîner, retardé par la conférence, n'est pas terminé quand nous passons en vue de Gallipoli. Pour ne pas nous priver de ce beau spectacle, le P. Borromée nous invite à monter sur le pont, nous donne l'exemple, interrompt son dîner, et y arrive le premier. Là, il nous explique le guide, nous prête sa jumelle, nous fait admirer les Châteaux d'Europe et d'Asie, qui, comme deux sentinelles gigantesques, semblent garder l'entrée des Dardanelles. Quelques moments après, *l'Etoile* quitte le détroit, entre dans la mer de Marmara ; Gallipoli, restée en arrière, est déjà moins visible, elle devient toute petite !... Alors nous redescendons dans la salle à manger pour y reprendre le menu interrompu et finir rapidement le dîner.

La soirée s'abrège : demain, c'est Constantinople ; on annonce un réveil matinal ; il faut se reposer, et sagement je vais, dès neuf heures et demie, demander le sommeil à mon étroite et dure couchette.

CONSTANTINOPLE

Mercredi 28 mai. — Dès quatre heures et demie, tout le monde est debout ! Le P. Antonin passe dans les cursives, agitant sa cloche et annonçant de sa voix bien timbrée : « Constantinople dans une demi-heure ! » A cinq heures, je suis sur le pont ! Nous entrons dans le Bosphore : vue indescriptible !

A gauche, tout près de nous, la Pointe de Séraï ; à droite mais un peu plus éloigné, Scutari ! Je monte sur le pont supérieur et je reste saisie d'admiration. Devant moi, c'est Constantinople tout entière qui s'étale, qui se montre, qui se livre à nos regards éblouis, avec « ses dômes qui bombent et ses minarets qui pointent » ! A gauche, le vieux Stamboul... Sainte-Sophie ! à droite, Péra, qui étage en amphithéâtre ses blanches maisons, cachées dans la verdure, et domine, de toute sa hauteur, l'humble Galata !

Malheureusement le soleil, faisant son maussade, refuse de se montrer ; la lumière est terne, et la Corne d'Or manque de rayonnement.

Pendant que, dans une immense courbe, pour éviter les courants, *l'Etoile* vient se ranger à quai, dans le port de Galata, le P. Borromée dit à six heures et demie la messe du pèlerinage. On se hâte un peu pour déjeuner, et massé sur le pont, on attend le débarquement.

Pour tromper l'attente, car les manœuvres sont toujours longues, on nous distribue le courrier, que vient d'apporter l'agent des PP. Assomptionnistes à Constantinople.

Le courrier ! mot magique, toujours ; mais combien plus aujourd'hui ! Depuis le départ de Jérusalem, au soir du 15 mai, aucune nouvelle n'est arrivée à nous ; et nous sommes au 28... Les Pères font l'appel par ordre alphabétique ; les mains se tendent pour recevoir les chères lettres attendues. Mon nom arrive enfin ! j'en ai vingt-six, tant lettres que cartes. Avec quelle avidité on brise les cachets, on déchire les enveloppes, on lit !... Et pendant que le cœur se réjouit ou s'attriste à la lecture des nouvelles, le temps a passé et le moment du débarquement est venu.

Le programme est chargé : il y a tant à voir à Constantinople et nous y demeurons si peu de temps !

Pour nous accompagner et nous servir de guides, quelques jeunes Pères Assomptionnistes sont venus de Koum-Kapou. On se forme en groupes de vingt à trente au plus et on se met en route. Mon groupe, où se retrouvent les amis : M. de Saint-M..., Mlle C..., Mlle B..., l'abbé P..., etc., est conduit par le P. Flavien, un ami d'enfance d'Agnès C..., qui l'appelle par son nom.

C'est le pont d'abord, ce fameux pont à péage qui, enjambant la Corne d'Or, relie Stamboul à Galata et à Péra. Il faut trouver le sou en monnaie turque qui nous permettra d'y passer ; nous nous en sommes munis sagement et bientôt nous entrons dans le vieux Stamboul. Par des rues larges ou étroites, en pentes rapides ou plus douces, nous arrivons à la grande mosquée du sultan Achmed, que dominent ses six minarets. Nous espérions y entrer ; mais on nous apprend que, depuis la guerre, cette mosquée sert de logement aux nombreuses familles d'émigrés, chassés de chez eux par les vainqueurs ; et les portes en restent closes.

Mais nous sommes cinq femmes dans notre groupe, toutes désireuses de voir cet intérieur et d'autant plus qu'on nous fait des difficultés pour ouvrir. Nous insistons doucement ; nous demandons à entrer, sans les hommes qui nous accompagnent ; nous offrons backchiche ; le P. Flavien parlemente en turc, transmet nos désirs ; enfin, un coin du rideau crasseux qui ferme l'entrée se soulève ; nous nous baissons un peu et... nous sommes dans la place.

Spectacle curieux : une immense coupole, soutenue par quatre colonnes cannelées, en marbre, de trente-deux mètres de tour chacune, et des demi-coupoles qui s'arrondissent autour du dôme principal, — des faïences bleues et blanches, qui couvrent les murs jusqu'au sommet, — et sur les dalles, sans tapis, de cet immense temple, toute une population de femmes, d'enfants, d'hommes, sales, déguenillés, grouillant, se roulant pêle-mêle avec les chiens, les chats, les poulets !... ils sont formés par groupes de plusieurs familles. C'est indescriptible !

On nous regarde, étonné, curieux... Les femmes interrompent leur cuisine ; les enfants nous approchent, nous entourent, prêts à tendre la main pour implorer l'aumône ; les quelques hommes qui sont là froncent les sourcils... Est-ce de surprise ou de colère ?... Nous n'attendons pas plus longtemps, et nous sortons pour retrouver au dehors les hommes du groupe, qui s'éloignent de nous prudemment, dans la crainte de la vermine ou de la contagion que nous pourrions rapporter dans nos robes.

La visite en détail de Sainte-Sophie nous prend les plus belles heures de la matinée, et nous ne les trouvons pas assez longues. Je n'en ferai pas la description, mais les souvenirs en restent à jamais gravés dans ma mémoire. Encore quelques monuments à voir : l'obélisque, la colonne serpentine, la mosquée de la Sultane, et le programme de la matinée se termine par les deux musées d'antiquités, où, malgré la fatigue générale, nous parcourons rapidement toutes les salles.

Le soleil, si maussade à notre entrée dans le Bosphore, se montre d'autant plus chaud et brillant que quelques gros nuages, précurseurs de l'orage, se forment dans le ciel. On rentre sur le bateau pour s'y mettre à l'ombre, avec une évidente satisfaction, et on voudrait prolonger un peu le repos qui suit le déjeuner de midi. Mais le temps du long repos n'est pas venu, et, dès deux heures et demie, il faut se remettre en route, malgré la fatigue, malgré la chaleur. En voiture, on nous mène d'abord à la mosquée des Pigeons. Ils sont là, si nombreux, ces volatiles sacrés, qu'ils encombrent les toits, la cour, les arbres, et que leur vol serré obscurcit le jour intérieur. Je ne résiste pas au plaisir de leur jeter quelques graines, pour les entendre roucouler, et par trois fois, je fais remplir, moyennant quelques sous, la petite mesure du marchand.

Il paraît que jeter ainsi une mesure de grains aux pigeons de la mosquée, est un moyen facile, pour les musulmans, d'expier leurs péchés...

La tour du Séraskiérat se dresse, haute et imposante, sur la grande place du même nom. Déjà quelques-uns des nôtres sont montés au sommet, et, de là-haut, nous invitent à l'ascension. C'est bien haut !... on parle de deux cent soixante marches ! mais la vue sur Constantinople doit être incomparable, et laissant M. de Saint-M... et Mlle B... assis au pied de la tour, j'entreprends courageusement l'ascension. Je suis récompensée de mon effort et, pendant un long moment, je fais le tour du balcon supérieur, d'où l'on voit, dans tous ses détails, l'immense panorama de Constantinople, du Bosphore, de la Corne d'Or : Stamboul et ses mosquées, Péra et ses jardins, Galata et son port, Scutari, le Séraï, etc., etc.

La belle mosquée de Suleymanié nous retient assez longtemps ; les sandales sont si peu nombreuses qu'il nous est impossible d'en trouver, et nous nous voyons condamnés à nous déchausser pour entrer dans la mosquée.

Il nous reste encore le bazar égyptien à visiter. Nous y circulons librement, toujours sous la direction de notre guide, le P. Flavien, sans rien y remarquer d'intéressant. La chaleur est forte, la soif se fait sentir, les étalages de fruits sont appétissants ! M. de Saint-M... achète des fraises superbes ; l'abbé P... achète des cerises ; Mlle C... cherche des citrons... et nous mangeons nos fruits dans la rue, sans pouvoir retenir notre gaîté et nos sourires.

Le dîner n'est qu'à sept heures, ce qui nous laisse le temps de visiter encore Péra, ce quartier moderne et si européen. Nous y arrivons par les longs escaliers qui partent de Galata ; et, pendant une heure, nous nous promenons dans les larges avenues ; nous admirons les élégantes ; nous flânons dans les grands magasins à l'instar de ceux de Paris, et nous entrons, en redescendant, dans une belle église neuve pour y faire notre prière et notre visite au Saint-Sacrement.

Au dîner du soir, où nous nous retrouvons à sept heures, la place de Mlle de M... reste vide. La petite Rita de notre groupe, l' « enfant » gaie, joyeuse et loyale que nous aimions et qui nous amusait, nous a quittés ce matin pour rester chez des amis, à Constantinople, avant de continuer, sans le pèlerinage, son voyage qui doit l'emmener à Venise, à Rome et en Belgique. Son absence laisse un vide : nous nous étions si bien habitués à son perpétuel éclat de rire ! Et puis c'est le commencement de la fin ! la dislocation va venir bien vite désormais : les deux cents pèlerins de *l'Etoile* se sépareront, se disperseront, s'oublieront. Chacun retournera à sa vie, à ses occupations, à son plaisir, et cette pensée me remplit de tristesse.

Tout le monde pourtant ne partage pas mon regret du départ de Rita. Mon voisin, M. Le C..., se permet de la juger et de la condamner. Le docteur M... se range à l'opinion de M. Le C... Je suis obligée d'élever la voix pour prendre sa défense. Pauvre petite ! c'est bien ça, le monde ! Quand elle était là, tous ils l'entouraient, ils la flattaient, ils lui prodiguaient les hommages et les compliments... Ce soir, elle est partie, et toutes ses qualités ne sont plus, à les entendre, que de vilains défauts.

Ma soirée se trouve attristée par cette discussion ; je me sens mélancolique ; je monte sur le pont supérieur, et, étendue sur ma chaise longue, à côté de M. de Saint-M..., je me laisse distraire et apaiser par la vue des centaines de barques qui sillonnent le Bosphore en tous sens, tandis que, au-dessus de ma tête, le ciel allume lentement ses milliers d'étoiles !

CONSTANTINOPLE

Jeudi 29 mai. — Une pieuse émotion nous est donnée ce matin, mélangée à beaucoup de curiosité ! Dès hier soir, le P. Borromée nous a prévenus que, d'après une permission venue de Rome, tous ceux de nous qui le voudraient, pourraient faire, aujourd'hui, la Sainte Communion sous les deux espèces ; et je pense que, pour la plupart, comme pour moi, l'attente de cette cérémonie a occupé les esprit et les âmes une partie de la nuit...

Les PP. Assomptionnistes ont à Koum-Kapou, en un faubourg de Stamboul, une maison importante, avec un séminaire où, pour obéir au désir de Pie X, ils forment les futurs prêtres, dans le rite grec uni. C'est là que nous allons, ce matin, entendre la messe, — messe du rite grec catholique, si différente de la liturgie romaine que nous ne comprendrions rien à l'office sans les explications que nous donne à haute voix le P. de Causans, à chaque partie de la messe. Il faut, ici surtout, laisser parler sa foi et s'unir aux prières des trois prêtres qui célèbrent ensemble, au même autel, sans chercher à comprendre, et sans même voir les cérémonies qui ont lieu dans un chœur que nous cache un rideau de soie.

Des chants grecs qui se traînent en une mélopée aiguë, — des signes de croix répétés et faits à la russe, allant de l'épaule droite à l'épaule gauche, — des processions par les prêtres officiants, qui sortent du chœur à gauche, pour y rentrer par le milieu : c'est étrange, ou, du moins, c'est nouveau pour chacun de nous.

Et la messe se continue : l'offertoire, la consécration, l'élévation, le *Pater*, la communion. Le moment est venu. Un à un, les pèlerins s'approchent, pieusement recueillis, et, sans se mettre à genoux, ils reçoivent des mains du prêtre qui s'est avancé par le degré du chœur, le Corps et le Sang de Notre-Seigneur Jésus-Christ, sous les espèces du pain et du vin réunies, que le prêtre prend dans le saint Ciboire et qu'il leur présente dans une toute petite cuillère en vermeil.

La nouveauté de cette forme de la Sainte Communion, — le goût du pain ordinaire, le goût du vin, dont la cuillère ne contient que quelques gouttes, — donnent bien quelques distractions ; mais on se ressaisit vite, et l'âme se recueille en une fervente action de grâces jusqu'au moment où, l'office terminé, on nous fait passer dans le couvent pour y prendre un léger repas.

Ce repas lui-même manque de banalité : sur chaque assiette, un gâteau rond, fait d'une pâte d'oublie avec confiture à l'intérieur, remplace le pain ou la brioche ; tandis qu'une jolie limonade, rosé et pétillante, qu'on mélange au vin blanc, remplace le traditionnel café au lait. Nous quittons Koum-Kapou à pied pour aller faire la visite des fameux bazars de Stamboul. J'ai vu, autrefois, les souks de Tunis ; j'ai traversé, sans m'y arrêter, ceux de Jérusalem ; j'ai aperçu au passage ceux de Damas ; je n'ai l'intention de rien acheter ; aussi, après m'y être promenée, avec un groupe de pèlerins, pendant une demi-heure, je laisse les autres choisir babouches, costumes brodés ou bijoux truqués, et je rentre à *l'Etoile*, pour m'y reposer un peu jusqu'au déjeuner.

La chaleur est accablante ; de gros nuages d'orage traînent dans le ciel, rendant l'air rare aux poumons, et fatigant la tête d'un poids très lourd.

Sur le bateau, installé pour quelques heures dans la cabine du P. Borromée, le T. R. P. Emmanuel Bailly, supérieur général des Assomptionnistes, en tournée à Constantinople, entretient en particulier chacun de ses fils, nos chers directeurs du pèlerinage.

Je croise le P. Jean-Victor, qui détourne la tête pour me cacher son émotion. Pauvre Père ! Depuis bien des jours déjà, depuis la traversée de Malte à Port-Saïd, le saint religieux, en une confidence d'âme, m'a dit sa tristesse, son chagrin causés par son changement de poste. Dans les environs de Turin depuis sept ans, il s'était attaché à cette maison qu'il avait créée et on l'en a arraché brusquement pour l'amener à Constantinople où nous allons le laisser ce soir au départ... Le Père Général vient de lui confirmer ses ordres : il ne rentrera ni dans sa maison d'Italie, où il était supérieur et qu'il avait si bien organisée ; ni en France, où ses parents, vieux, malades, sans ressources, vont avoir grande douleur de son éloignement ; il va demeurer dans cet Orient, chez les Turcs, employé à une œuvre qu'il ignore, et dans un poste encore inconnu. Et devant moi, qui le comprends et qui partage sa douleur, il laisse, malgré lui, couler ses larmes en me demandant de prier. Ah ! la vie de ces saints religieux, quel exemple !...

Le déjeuner de midi est présidé par le R. P. Bailly, qui a, à sa droite, le P. Borromée, et en face notre commandant. Un discours s'impose ; il est fait par M. l'abbé Le M... qui, au nom de tous les pèlerins, remercie la direction du beau voyage qu'elle nous a fait faire. Il dit la bonté, la sainteté, le dévouement du Père Directeur ; l'affabilité, la gaîté, la patience des autres Pères Assomptionnistes ; il met en lumière le rôle un peu effacé du commandant de *l'Etoile*... Personne n'est oublié ; et les applaudissements de tous sont la preuve de notre union de sentiments. Le R. P. Bailly se lève à son tour, remercie l'orateur, lui répond et s'efforce de tourner nos regards et notre pensée vers Rome, vers le vicaire de Jésus-Christ, Notre Saint-Père le Pape Pie X, qui vient d'envoyer, par télégramme, une bénédiction spéciale à tous les pèlerins du quarante-cinquième pèlerinage en Terre Sainte.

En sortant de table, la Direction, par l'organe toujours entendu du P. Borromée, nous annonce une surprise : une promenade sur un petit vapeur, dans toute la Corne d'Or. C'est une attention dont nous sommes fort touchés ; mais la course n'était pas inscrite au programme, et il n'y a pas de temps à perdre pour être de retour avant l'embarquement à quatre heures. Aussi, sans retard, nous descendons sous le pont et à deux heures vingt minutes nous voilà tous installés dans le petit bateau, qui, sous la conduite de quelques-uns de nos guides, va nous faire faire tout le tour de la Corne d'Or.

Hélas ! le soleil décidément nous fausse compagnie ; il s'est caché tout à fait derrière de gros nuages menaçants qui enlèvent toute gaîté, toute lumière, toute joie pour les yeux. Le Père qui nous accompagne essaye de nous intéresser par une description historique de tous les sites que nous côtoyons ; il nous nomme les principales habitations. Mais l'absence de lumière accentue la lourde fatigue qui pèse sur nos têtes ; sa parole se perd pour moi en un murmure berçant et je m'endors !... J'ai un peu honte de ne me réveiller que lorsque le vapeur s'arrête pour nous faire descendre à l'embarcadère du retour ; mais je remarque que nombre de mes compagnons ont dormi comme moi. Il est trois heures trois quarts ; il nous reste bien juste le temps de traverser le grand pont et de gagner *l'Etoile,* qui déjà se prépare à lever l'ancre.

Une douloureuse émotion nous étreint le cœur : il faut dire adieu, pour toujours, au P. Jean-Victor. Le pauvre religieux serre la main à tous les pèlerins qui se sont attachés à lui, depuis cinq semaines de voyage ; il parle à peine ; tous ses efforts sont concentrés pour retenir les sanglots qui l'étouffent. Il vient à moi ; sans discours, ni longues phrases, il me dit adieu, et, vivement, il s'éloigne pour descendre, le dernier, le ponton qui relie *l'Etoile* au quai. Il s'efforce de sourire sans y réussir ; il regarde courageusement et sans faiblesse ce cher bateau qui l'a amené jusqu'ici et qui va repartir sans lui...

Les manœuvres du départ sont terminées ; les adieux se repètent et se répondent du bateau au quai ; le pauvre exilé salue avec son chapeau, agite son mouchoir, sans prononcer un mot ; ses yeux seuls sont parlants et cherchent, parmi les pèlerins, ceux qui lui ont été plus doux, plus sympathiques, plus compatissants. Il ne pleure pas, mais ses lèvres serrées, son menton tremblant prouvent assez la douleur de l'effort qu'il fait pour garder son courage. La sirène fait entendre son long gémissement ; l'hélice se met en mouvement ; *l'Etoile* quitte le quai ; le P. Borromée entonne l'*Ave, maris stella...* Alors le malheureux P. Jean-Victor n'y tient plus ! il détourne un peu la tête ; ses larmes coulent, ses sanglots éclatent ; il ne peut plus cacher sa douleur, et il nous la montre sans honte, tandis que, sur le pont, nos larmes répondent aux siennes, et nos cœurs déchirés partagent son chagrin...

Pendant longtemps, bien longtemps, le pauvre Père reste sur le quai, à regarder s'éloigner l'*Etoile !* Son mouchoir s'agite encore ; son chapeau salue toujours... Puis il devient plus petit, plus lointain... La distance grandit qui le sépare de nous ; il s'efface lentement et disparaît tout à fait à nos yeux, qui le cherchent encore et qui ne le voient plus !... Les larmes et la brume ont fait disparaître l'horizon...

Et puis, tout de suite, sans nous laisser le temps de sécher nos yeux, nous sommes repris par la vie, par les beautés multiples des côtes que nous longeons, par les distractions entraînantes de la vie qui nous entoure ; par la vue incomparable de ce merveilleux Bosphore, où l'*Etoile* nous promène, en un long détour, jusqu'à Thérapia, jusqu'à la Mer Noire... Parcours admirable !

Voici, sur la côte d'Europe, le quartier habité par les Circassiens ; puis Fondoukli, — la résidence du Sultan, — les nombreux palais qui se cachent dans la verdure, ou se montrent tout blancs, sur le bord de la mer, — le magnifique et vieux Château d'Europe, avec ses créneaux et ses tours, qui fait face au Château d'Asie, — et des baies tapissées de verdure, — et des collines couvertes d'arbres, de fleurs, de jolies maisons blanches ! Voici Thérapia qui nous apparaît, avec les palais d'été de ses ambassadeurs ; et, devant nous, s'élargissant en immensité, la Mer Noire. Nous sommes tous sur les ponts, en extase devant ce paysage unique au monde, allant de bâbord à tribord, lorgnettes en mains, parlant peu, sinon pour faire entendre nos cris d'admiration.

Et le temps passe ! et le ciel reste gris et sombre ! et le jour baisse !

A six heures environ, nous repassons, retour du Bosphore, devant le vieux Stamboul, où nous saluons une dernière fois la mosquée de Sainte-Sophie ; et, laissant loin derrière nous Galata, Péra, Scutari, qui disparaissent dans la brume du soir, nous voici dans la mer de Marmara. Cette longue station sur le pont m'a fatiguée ; je ne suis pas remise de l'émotion que m'a causée le départ du P. Jean-Victor ; j'ai besoin de me ressaisir, et je monte dans la chère chapelle pour m'y isoler dans la prière.

Peu d'instants après, le ciel, qui s'est obscurci de plus en plus, est traversé par de violents éclairs, que suit aussitôt un roulement prolongé de tonnerre. C'est l'orage, menaçant depuis ce matin, qui éclate avec fureur: le tonnerre devient plus rapproché, plus fort, et la pluie tombe en trombe sur notre pauvre *Etoile*, alors que le vent fait claquer les toiles et menace de tout balayer. En un clin d'œil, l'eau traverse tout et inonde les ponts, en chassant impitoyablement tous les passagers.

Quand, après une demi-heure, l'orage se calme et que le ciel redevient moins sombre, je regarde derrière nous : Constantinople disparaît de plus en plus dans la brume lointaine ; seule la pointe du Séraï se distingue encore, déjà vaporeuse ; encore un dôme qui bombe : c'est Sainte-Sophie ; encore quelques minarets qui pointent ; c'est fini...

Le salut du soir nous réunit dans la petite chapelle, où le cher P. Jean-Victor (le Père Dix Minutes) ne nous appellera plus avec sa cloche. Il est remplacé, sur le bateau, par trois jeunes Pères Assomptionnistes, qui vont en France et augmentent notre Direction ; mais dans ma vie, dans mes souvenirs, dans mon cœur, le P. Jean-Victor gardera la place que je lui ai donnée ; les nouveaux venus ne remplaceront rien ; je ne saurai ni leurs noms, ni leurs qualités ; je ne leur demanderai ni sympathie, ni intérêt... A quoi bon ?...

EN MER

Vendredi 30 mai. — Un bien triste accident se produit, ce matin, qui trouble douloureusement tous les passagers de *l'Etoile*, et qui marquera d'un point noir la fin de notre beau voyage.

C'est aujourd'hui la fête du Sacré-Cœur ; nous sommes tous à la messe de pèlerinage, dans notre jolie chapelle. Tout à coup, il est sept heures un quart, un cri retentit du pont, qui monte jusqu'à nous : « Un homme à la mer! » Et aussitôt des pas précipités, des ordres secs et brefs ; des matelots arrivent en courant sur l'arrière du bateau, relèvent les toiles, coupent les cordes pour arriver plus vite à la chaloupe qu'ils détachent hâtivement et mettent à la mer.

Dans la chapelle on se regarde ; on s'interroge des yeux, sans oser parler ; on s'inquiète !... Un prêtre me renseigne : c'est un homme de service qui vient de tomber à l'eau, me dit-il. Et l'Elévation sonne, et on se recueille, et on prie, et la messe se continue et s'achève dans une ardente prière. Notre légitime curiosité n'est satisfaite que, lorsque la messe terminée, nous sortons de la chapelle.

Depuis hier, un des garçons de service, qui était attaché à la salle à manger des secondes classes, a été pris d'un violent accès de folie ; toute la nuit, on l'avait mis en surveillance ; ce matin, il semblait plus calme ; il venait d'écrire à sa famille, après s'être laissé raisonner par le P. Antonin. Mais le docteur craignait un accès furieux ; il le suivait pour le surveiller et venait de donner l'ordre de le tenir pour le faire enfermer, lorsque, sans une parole, sans un geste, le malheureux fou

enjambe le bastingage et se jette à la mer... Le docteur pousse
le cri d'alarme ; on jette une bouée de sauvetage ; le commandant donne l'ordre de stopper immédiatement ; la chaloupe
est mise à la mer avec cinq matelots ; on veut arrêter le bateau
et jeter l'ancre... Fatalité ! l'ancre se brise ! De plus, nous
sommes à l'entrée des Dardanelles ; le détroit est encombré de
navires ; on risque d'aborder ; les courants sont violents ; et
surtout de nombreuses torpilles sont là, qui menacent de faire
sauter notre *Etoile* si elle ne continue pas rapidement sa marche
en avant pour sortir de cette zone terriblement dangereuse.

Dans une anse voisine, à quelques milles du passage étroit
que nous venons de quitter, *l'Etoile* s'arrête enfin et attend,
dans une douloureuse angoisse, le retour de la chaloupe qui
est allée au secours du malheureux dément. La chaloupe
revient après une longue attente ; il est huit heures et demie.
Silencieusement tous les regards se portent dans le fond de la
barque ?... Hélas ! Les cinq matelots reviennent seuls, tristes,
mécontents : leur camarade d'hier est mort... Un bateau turc
à l'ancre l'a vu couler à pic, à quelques mètres de lui, sans
pouvoir lui porter aucun secours.

A la messe chantée de neuf heures un quart, à laquelle
assiste tout l'équipage, des prières ardentes sont faites par le
Père Directeur pour le repos de l'âme du mort, en même
temps que l'un de nous propose de faire une quête parmi tous
les pèlerins pour venir en aide à la mère âgée du pauvre fou :
seules manières efficaces de reconnaître les services qu'il nous
avait rendus.

L'après-midi se traîne ; tout l'équipage est préoccupé ; le
docteur ne parle pas ; les matelots et les garçons du service
sont en larmes.

Je vais m'asseoir sur le pont, à côté de M. de Saint-M... et,
pendant un long moment, nous causons. L'air est mélanco-

lique ; une atmosphère de tristesse enveloppe le bateau, les âmes sombrent dans le vague ; et, presque malgré moi, tout le passé douloureux de ma vie renaît en une lente évocation. A quatre heures, quelques pèlerins fervents ont demandé à faire l'Heure Sainte, en l'honneur du Sacré-Cœur. Le P. Borromée nous la prêche, en nous proposant quelques points de méditation, que chacun développe ensuite en son particulier. Cette longue station dans la chapelle, sous le regard du Sacré-Cœur, en un recueillement profond, qui fait entendre la parole du Maître, calme et apaise mon âme agitée et troublée, et quand, après le salut solennel, nous recevons la bénédiction du Christ-Jésus, j'ai retrouvé toute ma sérénité. Le soleil s'est couché dans un rouge éclatant, et la nuit est superbe !

EN MER

Samedi 31 mai. — Ce matin encore, comme à l'aller, au 29 avril, nous avons, à sept heures, une messe de *Requiem* avec absoute de la mer. Le saint Père Directeur nous a demandé hier soir, en une prière émue, de diriger notre intention et d'offrir notre communion pour le repos de l'âme du R. P. Vincent de Paul Bailly, sans oublier le pauvre mort d'hier.

Après la messe, en un discours troublant d'émotion, le P. Borromée fait le panégyrique du P. Bailly, puis dans un geste émouvant par sa grandeur et sa simplicité, il bénit la mer immense et donne une absoute pour toutes les victimes de la Méditerranée. J'ai déjà dit l'impression persistante que laisse à l'âme cette cérémonie pieuse : on reste en contact avec les chers disparus ; avec ceux qu'on a plus aimés ; avec ceux qui ont plus souffert de la vie... et, à prier ainsi pour eux, on se sent consolé de leur départ, parce que la prière rapproche ceux que la mort a séparés.

Aucun incident à noter ; c'est toujours la vie du bord, avec son charme, avec ses longues causeries, avec cette intimité qui se forme naturellement entre les pèlerins. Toute la journée la terre est en vue : ce sont les côtes du Péloponèse, le cap Matapan, les îles diverses et nombreuses. La mer est superbe, sans vague, toute bleue ; les heures s'envolent trop vite ! On pense déjà au jour bien prochain, où il faudra quitter *l'Étoile* et sa jolie chapelle, se disperser, rentrer chez soi, reprendre sa vie, son isolement, retourner à l'aride devoir....

A quatre heures, M. M... nous réunit pour une très intéressante conférence sur Palerme, où nous serons lundi.

La chaleur est accablante ; le soleil, tout le jour, se montre éblouissant. A huit heures du soir, quelques projections complètent la conférence de M. M... sur Palerme et rétrospectivement sur Constantinople ; et, comme tous les jours, le salut du Saint-Sacrement finit la journée.

Quand je descends de la chapelle pour aller me coucher, le docteur M... et Mlle G... causent doucement à l'arrière du bateau ; ils sont seuls. Ce duo confirme les remarques que, tout bas, on murmure partout sur le navire : la grande attirance de Mlle G... pour le séduisant docteur ! Qui sait si cette naissante idylle n'est pas le prologue d'un prochain mariage ?...

EN MER

Dimanche 1er juin. — Dernière bonne journée passée en mer ! Elle commence, comme toutes les autres, par la messe du pèlerinage à sept heures, et à neuf heures sonne la messe chantée pour tout l'équipage. Le temps est merveilleux ; le soleil brille de son plus bel éclat ; la mer est d'huile, si bleue, si transparente, si limpide, qu'on est tenté de chercher à en voir le fond.

Quelques côtes se devinent dans un lointain plus ou moins

brumeux ; les heures se succèdent dans un enchantement d'âme incomparable, que seule vient troubler la pensée que nous approchons de la fin du beau rêve qu'a été tout ce voyage.

A quatre heures, un jeune Père Assomptionniste nous fait une conférence sur la guerre des Balkans. Il dit longtemps, il dit bien : le rôle des Bulgares, le rôle des Turcs, l'état des armées ; les batailles, les défaites, les victoires ; les causes des unes et des autres. On l'écoute attentivement, on l'applaudit.

Quand, après trois quarts d'heure, il se tait et que chacun va reprendre son poste d'observation ou sa pose nonchalante dans un fauteuil, *l'Etoile* qui, pendant la conférence, a marché vite, nous montre les côtes de la Calabre, que nous longeons d'assez près pour en voir les séduisants détails. Jolis villages cachés dans la verdure, coquettes et blanches villes qui se mirent dans la mer, hautes montagnes dénudées, repaires des fameux brigands de la Calabre. Le paysage est si gai, si rayonnant, si vivant de couleurs et de lumière que nous sommes obligés de faire un effort pour nous en éloigner quand sonne l'heure du dîner : c'est presque péché que de s'enfermer pour manger, alors que le pays est si enchanteur. Aussi, le dîner vite terminé, je remonte sur le pont supérieur, où un aimable voisin me montre, dans un lointain déjà s'estompant dans la brume, le fameux Etna, que couronne une légère fumée.

Nous marchons vite ; la mer est si calme que rien ne retarde la marche de *l'Etoile*. Mon âme est en fête et ma jouissance est extrême, en face de ce merveilleux paysage.

Bientôt voici les premières maisons de Reggio, et, presque aussitôt, la ville tout entière qui se montre coquettement éclairée aux derniers reflets du soleil qui se couche.

La lumière est extraordinaire ! On voudrait arrêter la fuite du temps, et retarder la nuit qui s'avance et va tout faire disparaître dans son obscurité !

Mais quelle singulière brume s'étend sur Messine pour nous en cacher la vue ? En quelques minutes, le brouillard descend, s'épaissit, enveloppe toutes les montagnes environnantes, se prolonge même jusque sur la mer, en un sillage épais que perce difficilement la lune.

Et nous passons, sans avoir pu saluer Messine ; sans avoir aperçu une seule de ses lumières !

Encore, comme hier, quelques projections, quelques vues de Constantinople, d'Athènes, avant la bénédiction du soir qui termine pieusement cette dernière journée à bord.

Je me couche à onze heures, après avoir écrit quelques cartes. Dans la salle à manger des premières, le docteur, Mme B..., sa nièce Mlle G..., sont réunis et causent... — de leur avenir sans doute ?...

PALERME

Lundi 2 juin. — C'est par un soleil éblouissant que Palerme nous apparaît ce matin, au réveil qui sonne à cinq heures un quart. Nous entrons dans la baie, et pendant que *l'Etoile* va s'amarrer non loin du quai, nous assistons pieusement à la messe de six heures. Nous aurions hâte de descendre à terre ; mais la Santé, comme à plaisir, prolonge l'attente, et ce n'est qu'à neuf heures, que nous sommes invités à défiler tous, et l'un après l'autre, devant le médecin italien, qui paraît surtout occupé à nous compter, au lieu d'examiner nos mines ou nos langues. Aussitôt après cette formalité ennuyeuse, on nous autorise à débarquer et à prendre les barques qui nous conduisent à quai, où de bonnes voitures nous attendent pour nous mener à Monreale.

La route que nous suivons est longue, montante, crayeuse, brûlée par un soleil de feu ; la poussière blanche nous enveloppe, nous couvre, nous pénètre, sans qu'il soit possible de

s'en préserver ; les chevaux ruisselants, fatigués, tirent lentement les lourdes voitures, nous tenant dans une impression
pénible : la crainte de n'arriver jamais en haut !

La ville, que nous avons traversée dans toute sa longueur, est
en pleine toilette matinale. Les rues voisines du port, mal
pavées, encombrées par de lourds camions, n'ont rien qui re-
tienne le regard ; cependant les petites charrettes à deux roues,
joliment décorées d'images voyantes, sculptées de petits personnages en bois, et traînées par des mules aux riches harnais
pomponnés de rouge et d'or, sont une curiosité très spéciale
à Palerme.

Après une heure de voiture, nous arrivons à la splendide
basilique de Monreale, dans laquelle nous admirons en détail
les superbes mosaïques. On voudrait prolonger l'arrêt sous ces
voûtes élevées, voir de plus près les personnages en or, lire les
inscriptions en grec, méditer les tableaux de l'Evangile et de la
Bible, faits en pierres si petites, si nuancées, si fines, que
cela ressemble à des tapisseries...

Mais l'heure inexorable dans sa fuite nous appelle à côté,
pour y voir le cloître à colonnes sculptées qui reste seul de
l'ancien couvent, avec la fontaine qui forme un angle de ce
cloître et qui est une vraie merveille.

Puis le guide, en une course rapide, nous conduit sur la
terrasse du couvent transformée en école, où nous restons
éblouis : Vue merveilleuse sur Palerme, sur la mer, sur l'immense plaine de citronniers qui s'étend à nos pieds, laissant
monter jusqu'à nous les dernières senteurs de ses fruits d'or.
Les montagnes qui nous font face sont riches et cultivées ; les
yeux s'y reposent dans une vraie jouissance, alors que là-bas, à
gauche, le port, la mer, le mont Pelegrino restent confus et
voilés dans une brume ensoleillée.

En redescendant de Monreale, les voitures nous font traverser la propriété privée du comte de T... avec ses essences d'arbres rares, ses allées ombragées, ses fleurs embaumées, ses vasques, ses jets d'eau, ses champs d'orangers, de citronniers. Enfin nous terminons le programme de la matinée par le Cappuccino.

Macabre spectacle ! Dans les longs couloirs d'un caveau qui s'étend sous un important couvent de Capucins, ils sont là, les huit mille cadavres de ceux qui furent, il y a quelques années à peine, les riches, les puissants, les plus notables habitants de la Sicile ! Les uns réduits en squelettes ; les autres ayant conservé la peau, les cheveux, les ornements de leur dernière toilette ; alignés dans un ordre parfait, les uns debout, les autres couchés ; numérotés comme les livres d'une bibliothèque ; étiquetés avec les indications de leur nom, de leur âge, de la date de leur mort : ils voient défiler devant eux, chaque jour, tous les étrangers qui passent à Palerme !...

J'emporte de cette visite une impression très différente de celle que j'en attendais. Ce n'est pas la peur ; ce n'est pas la curiosité satisfaite ; c'est une sorte de révolte et d'indignation, à la pensée de la profanation dont ces pauvres morts sont l'objet. Pourquoi ne pas les avoir laissés dormir leur dernier sommeil, dans l'attitude où les avait mis la mort ? Et qu'ont-ils à gagner à une semblable exhibition ?...

Même parmi nous, les visiteurs d'aujourd'hui, pieux pèlerins de la pénitence, combien auront pensé à réciter pour ces morts un *De profundis !*...

La vue des cadavres est vite oubliée d'ailleurs, quand, au sortir de Cappuccino, nous nous retrouvons tous dans la grande et fraîche salle à manger de l'hôtel des Palmes, où nous déjeunons à midi et demi.

Mme B... et M. T..., arrivés les premiers, ont retenu une table à six, où ils m'offrent une place, avec Mlle G..., le docteur et M. de Saint-M... ; nous voilà donc confortablement installés ; notre table voisine avec celle de la Direction. Chacun semble gai, heureux, et le bel appétit de tous fait honneur à l'excellent macaroni à l'italienne, qu'on nous donne comme premier plat du menu.

La Direction nous a réservé pour l'après-midi la visite de ce qui est considéré partout comme le bijou de Palerme : la chapelle Palatine. A deux heures, des voitures nous y conduisent et nous y demeurons comme en extase pendant de longs instants. Quelle merveille ! quelle mesure dans les proportions et dans l'ensemble ! quelle richesse d'or, de couleurs, de décorations ! quelle profusion de splendeurs !

La chance nous favorise : le P. Borromée vient se joindre à notre groupe, et c'est lui qui, guide précieux, avec son goût d'artiste, nous fait remarquer la colonne en marbre sculpté qui supporte le cierge pascal, nous fait admirer la finesse de certaines mosaïques, le relief du plafond à caissons, nous traduit les inscriptions grecques, qu'on lit autour des scènes bibliques et évangéliques.

Après la chapelle Palatine, nous faisons la visite complète du Palais Royal, et nous la prolongeons si longtemps, à contempler la vue merveilleuse qu'on a des balcons supérieurs, qu'en redescendant, nous subissons les reproches — oh ! combien doux d'ailleurs ! — du P. Antonin. Il nous rappelle l'heure qui passe, l'embarquement fixé à quatre heures et demie, l'impatience de nos cochers qui attendent sur la place du Palais ; il nous menace, en souriant, de faire lever l'ancre et de partir sans nous ! Nous sommes bien tranquilles ! le P. Borromée est avec nous : sous son égide qu'avons-nous à craindre ?... Cependant nous abrégeons la visite de la Cathédrale ; nous traversons, presque sans nous y arrêter, le Jardin botanique et nous arrivons au port et sur le bateau un peu en retard seulement. Quelques prêtres, que leurs cochers n'ont pas voulu conduire partout, et qui sont rentrés sur *l'Etoile* depuis une heure, nous accueillent avec un sourire un peu jaloux. Le mieux est de rire avec eux en exagérant encore, dans le récit que nous leur en faisons, les splendeurs de nos dernières courses.

A l'instant précis où cinq heures sonnent, *l'Etoile*, sans bruit, quitte le port et reprend sa marche en pleine mer, dans la direction de Naples, pendant que, comme à chaque départ, nos saints religieux entonnent l'*Ave, maris stella* que tous les pèlerins chantent en chœur avec eux.

Nous sortons du port lentement, dans un soleil tamisé qui éclaire d'un or très doux la ville de Palerme tout entière. La grande baie bien ouverte, que domine le Pelegrino, la végétation riante et fleurie, la ceinture de montagnes qui se teintent de bleu, de rose, de mauve, de tons indéfinissables: nous admirons... Et dans le lointain, là-bas, les yeux éblouis cherchent encore, déjà un peu voilée dans la brume, la coupole de Monreale.

Le dîner est retardé jusqu'à sept heures. On parle tout bas de discours, d'adieux, de chants, de départ. On s'émeut à la pensée de la séparation qui doit commencer demain à Naples : bon nombre de pèlerins, dont tous les Canadiens, doivent quitter *l'Etoile* à Naples, pour continuer seuls leur voyage par terre sur Rome et l'Italie.

En effet, vers la fin du dîner, un prêtre canadien se lève et, tourné vers le P. Borromée, il prend la parole pour lui dire, en termes touchants, et au nom de tous ses frères d'Amérique, leur reconnaissance, leurs remerciements, l'attachement que, eux prêtres de là-bas, ils garderont toujours aux chers religieux Assomptionnistes, nos directeurs, et à tout le clergé français qu'ils ont appris à connaître et à aimer pendant ce pèlerinage.

Puis il parle de la France : ses paroles sont si pleines de délicatesse et d'amour pour notre patrie, qu'elles soulèvent l'indignation d'un prêtre anglais qui ne peut entendre ainsi faire l'éloge d'un autre pays que le sien. Son murmure de rage trouble un instant l'orateur ; murmure bien vite étouffé, d'ailleurs, sous les applaudissements de tous les pèlerins.

La réponse devenait difficile ! Mais notre cher Père Directeur se joue de tous les obstacles ; sans hésitation, il sait trouver le mot juste qui contente toutes les nationalités, sans toucher à la susceptibilité d'aucune.

Dix heures du soir. Je vais me coucher, après quelques minutes de rêverie sur le pont : la mer est douce et bonne ; les étoiles brillent au ciel ; je n'ai pas sommeil. Mon âme reste émue de la cérémonie de ce soir à la chapelle.

Après la prière et la bénédiction, le saint P. Borromée, comme tous les soirs, s'est approché des pèlerins ; mais, au lieu des avis qui terminent généralement la réunion, il s'est adressé aux partants de demain, et avec une humilité profonde, il leur a demandé pardon, en son nom et au nom de ses religieux, de leurs négligences, de leurs impatiences, de la peine qu'ils ont pu leur faire, pendant le cours de ce voyage en Orient !

Quel exemple il nous donne à nous, si susceptibles, si impatients, si peu charitables parfois ! Quelle leçon pour les orgueilleux que nous sommes !

NAPLES

Mardi 3 juin. — Il est cinq heures et demie du soir. Pour la dernière fois avant le débarquement final de jeudi, me voici sur la chère *Etoile* assise toute seule dans la salle à manger, pour écrire mes impressions d'aujourd'hui. Comment arriver à les dire toutes ? Avec quels mots décrire les jouissances incomparables de cette journée passée à Naples ?

Naples ! Naples ! ville de soleil et de lumière ! ville de fleurs et de joies ! ville de gaîté et de splendeurs !

Nous y arrivions, ce matin à neuf heures. Dès cinq heures, la cloche s'agitait dans toutes les cursives pour nous réveiller ; la messe était annoncée pour six heures et demie, et chacun se hâtait, pour jouir de l'entrée dans la baie de Naples, une des plus belles vues qu'on puisse rêver.

Hélas ! un brouillard épais enveloppe notre pauvre bateau, on ne voit rien, ni devant, ni à côté ; et notre déception se double de l'angoisse que met en nos cœurs le sifflement lugubre et presque ininterrompu de la sirène.

La messe se dit ; l'action de grâces s'achève, sans que le brouillard se dissipe, sans que le soleil se montre. Il faut en prendre son parti : nous ne verrons rien, ce matin, et la baie ne se montrera à nous, dans sa splendeur, que le soir au départ.

Pour la première fois depuis que nous sommes en croisière, et sans doute parce que Naples est notre dernière escale, la Direction ne nous donne ni programme, ni itinéraire ; liberté entière est laissée à chacun d'aller à sa fantaisie ou à Pompéi, ou aux Camaldules, ou dans la ville, selon ses goûts, d'après sa fatigue et à ses frais. Depuis hier soir, le baron de Saint-M... m'a demandé mes projets ; et, comme j'hésitais, ne connaissant rien de la ville, mais décidée seulement à ne pas aller jusqu'à Pompéi, il m'a invitée gracieusement à me laisser guider par lui et m'a offert de m'emmener déjeuner à San-Martino, d'où le regard charmé découvre le panorama merveilleux de Naples, de la baie, du Vésuve, etc. Il fait la même proposition à Mlle B... et à l'abbé P..., qui tous deux acceptent avec joie et reconnaissance ; et, tout au bonheur de passer cette journée ensemble, nous attendons la descente à terre.

Pour nous laisser plus de temps libre et ne pas nous obliger à revenir chercher notre déjeuner sur *l'Etoile* à midi, la Direction le fait servir à neuf heures. Je ne mange pas ; je suis fatiguée, malade ; j'ai eu la fièvre toute la nuit sans pouvoir dormir ; j'ai mal à la gorge, à la tête ; n'était ma volonté de descendre à terre et de visiter Naples, j'irais chercher un peu de repos sur ma dure couchette.

Cependant *l'Etoile* approche, et s'amarre à quai ; lentement le brouillard se dissipe, le soleil enfin traverse la brume qui disparaît, et quand, après le déjeuner, nous remontons sur le pont, Naples est là devant nous, avec son mouvement, ses cris, ses couleurs vives, sa vie bruyante et son majestueux Vésuve dont le sommet reste encore caché dans les nuages.

Sur le quai, s'agitant, appelant, souriant à tous, Mme T... est là qui attend son neveu. Elle nous raconte le joli voyage qu'elle a fait toute seule depuis Athènes ; elle nous dit sa joie d'être à Naples depuis deux jours ; son enchantement de cette ville faite de fleurs, de couleurs, de lumière, etc.

A dix heures, toutes les formalités accomplies, la Santé nous autorise à descendre ; en quelques minutes, la chère *Etoile* est désertée par tous. Aussitôt à terre, les groupes se reforment ; les pèlerins qui vont à Pompéi sont les plus nombreux ; un Père les accompagne ; les autres s'orientent et partent chacun de leur côté. Quant à nous, guidés par M. de Saint-M..., nous montons dans un excellent landau qui nous conduit d'abord à Saint-Janvier.

Il est onze heures ; sur les marches de l'église, une foule nombreuse sort en masse du temple saint : hommes, femmes, jeunes filles vêtues des couleurs les plus éclatantes. Nous regardons, étonnés, ces coiffures, ces corselets, ces nuances vives qu'éclaire un brillant soleil, et nous entrons.

Un sacristain, qui parle mal le français, nous promène de la nef au chœur et dans les sacristies ; il nous montre les richesses, les trésors, les peintures, les ornements sacrés en or, en argent, en marbre rare ; il nous redit la légende de saint Janvier, et nous montre même un doigt du saint, conservé dans un reliquaire précieux, qu'en sa qualité de prêtre, l'abbé P... a le droit de regarder de près et de toucher.

Quand, la visite terminée, nous traversons l'église pour sortir, une messe tardive s'achève au fond du chœur, et dans la nef, sans rideau, sans voile, sans ombre, dans chaque confessionnal, un prêtre entend l'accusation que lui fait presque à haute voix, une pauvre femme debout devant lui, ou une jeune Napolitaine souriante...

Après Saint-Janvier, nous allons au Musée. M. de Saint-M... s'est constitué notre cicerone ; grâce à lui et au guide qu'il nous donne, nous allons pendant une heure de merveille en merveille. Je ne dirai pas la grâce de ces statues, la splendeur de ces marbres, la perfection de ces sculptures, l'art infini de ces chefs-d'œuvre !

Mme B... et sa nièce, Mlle G..., que nous avons déjà rencontrées à Saint-Janvier, se retrouvent encore avec nous au Musée. Leur programme est le même que le nôtre ; elles projettent d'aller, comme nous, à Saint-Elme, à l'Aquarium ; elles sont toutes deux seules dans une voiture. M. de Saint-M..., en parfait gentilhomme, leur demande de se joindre à nous et les invite à venir déjeuner à San-Martino. Elles acceptent avec empressement et reconnaissance, et, la visite du Musée terminée, nous remontons dans nos voitures qui gravissent côte à côte la jolie route verte et fleurie. Vers une heure à San-Martino.

Dans un bon restaurant, dont les jardins s'étagent en terrasses sur la baie de Naples, nous déjeunons gaiement au grand air : l'excellent macaroni à l'italienne d'abord ; pour finir, les exquises fraises des bois qu'arrose un délicieux vin à la couleur d'ambre ; pendant que, tout à côté de nous, les tziganes, habillés de rouge, jouent et chantent les mélodies napolitaines.

Encore une journée de poésie, de douces joies, de saines jouissances, qui sera, pour l'avenir, un souvenir très doux. A cette vie si gaie, en plein air, ma fatigue de la nuit a disparu ; je ne sais plus si je souffre encore, si ma force est revenue... Qu'importe le mal physique, devant un tel enchantement moral ! D'ailleurs chacun de mes amis redouble pour moi d'attentions, de soins, de prévenances ; j'en suis confuse.

Après le déjeuner à San-Martino, nous visitons le cloître des Chartreux, son musée, ses tableaux de maîtres ; nous montons jusqu'au Belvédère, d'où nous admirons, sans nous en lasser, la vue magnifique que nous offrent Naples, ses environs, sa baie, la mer. Pour nous décider à redescendre, il nous faut l'avertissement de nos montres, qui nous disent, hélas ! que le temps passe.

Par une route en lacets, qui descend de Saint-Elme, sous des ombrages merveilleux, nous arrivons à l'Aquarium en traversant le quartier riche et élégant de la ville. Là, nous voudrions prolonger notre visite ; mais l'heure est venue de regagner *l'Etoile.* Nous remontons en voiture, pour voir, en y passant, quelques-unes des rues commerçantes. L'heure de la sieste est passée, et le peuple a repris sa vie de paresse au grand air ; les nuances variées des fleurs se mêlent aux couleurs bariolées des costumes ; en cette fin d'après-midi, le mouvement est intense ; les étalages des boutiques arrivent jusqu'au milieu des rues ; les charrettes de fleurs côtoient les équipages de luxe. Je charge mes bras d'une énorme gerbe de magnifiques œillets rouges pour la chapelle, — et c'est ainsi que, heureuse, les yeux, la tête, le cœur pleins des merveilles de tout genre que nous avons vues tout le jour, nous rentrons sur le bateau.

Du quai quelques-uns des pèlerins qui restent à Naples, nous envoient, d'un signe de la main, un dernier adieu. Ce sont le chanoine L..., de Toulouse, M. Maurice T..., qui va rentrer à Lodève avec sa tante, Mlle L..., cette gentille jeune fille que le hasard m'a donnée plusieurs fois comme compagne de chambre, etc.

A cinq heures, les amarres « larguées », *l'Etoile* vient de reprendre une fois encore sa marche en avant. A l'arrière du bateau, les petites religieuses du pèlerinage décorent la chapelle avec les œillets rapportés à profusion, tandis que, sur le pont, les pèlerins appuyés au bastingage continuent longtemps à jeter aux gamins plongeurs des sous que ceux-ci vont chercher dans l'eau trouble et qu'ils rapportent entre leurs dents.

Je viens d'admirer à loisir les splendeurs de cette baie de Naples que la brume nous avait cachées ce matin. Quel merveilleux panorama ! Le soleil, encore éclatant quoique à son déclin, met en lumière chacun des détails de ce fond de verdure, de fleurs, de blanches maisons. Le Vésuve, majestueux et sans fumée, semble s'être pacifié à jamais. Là-bas, à ses pieds, on distingue, telle une tache blanche qui s'avance dans la mer, les maisons rebâties d'Herculanum, tandis qu'ici, à notre droite et tout près, *l'Etoile* passe devant le Pausilippe, puis le cap Misène, Procida, Ischia ; et là-bas, bien loin, perdue dans la brume, le P. Antonin m'indique la direction de Sorrente...

La soirée s'abrège : la journée a été bonne, mais une vraie fatigue en reste qui fait peser, plus lourde et douloureuse au cœur, la pensée de la prochaine séparation.

L'Etoile marche, rapide ; la mer est tranquille ; la nuit, chaude et sans air. Je viens de relire les nombreuses lettres que m'a apportées le courrier de ce matin ; j'en avais quatorze ; et, l'âme en joie, le cœur débordant de reconnaissance pour le

Bon Dieu qui a fait la nature si belle et certains jours de ma vie si heureux, je vais me coucher en rêvant de Naples la séduisante, et surtout de Jérusalem la sainte !

EN MER

Mercredi 4 juin. — Nous approchons de la fin de notre beau voyage. Toute cette journée, la dernière en mer, se ressent d'une vague et immense tristesse. La messe ne se dit qu'à sept heures et le chapelet de neuf heures n'est récité qu'avec un très court commentaire fait par le P. Noël. Chacun s'occupe de ses malles, de ses emballages, de ses préparatifs de départ, avant de rejoindre sur le pont le P. Antonin qui donne des avis importants pour l'arrivée à Marseille, le débarquement, la visite des bagages par la douane, etc., etc.

Je me sens désolée. Il me semble que, loin de la chère *Etoile* et de la chapelle fleurie, si pacifiante à l'âme, il n'y aura plus aucune joie possible pour moi...

Après le déjeuner de midi, je vais une fois encore m'étendre dans ma chaise-longue, sur le pont ; les yeux perdus dans l'immensité, ou ramenés sur les côtes de la Corse qu'on distingue à l'horizon tout proche, je dis à M. de Saint-M... ma tristesse du départ, ma joie de l'avoir connu, la mélancolie qui m'enserre le cœur et les souvenirs inoubliables que me laissera à jamais notre beau pèlerinage, avec les exemples si parfaits que nous ont donnés tous nos chers religieux. Le dîner de six heures nous réunit dans la salle à manger de première, où les places des absents restés à Naples sont occupées par quelques-uns de nos amis : Mme B... a pris la place du chanoine L..., en face du P. Borromée, et Mlle G... s'est rapprochée du docteur M..., en prenant la place de la petite Rita de M...

La séparation si prochaine rapproche encore certaines sympathies, et pendant que les réflexions s'échangent, je vois quelques physionomies s'altérer et des yeux devenir humides. Puis l'heure sonne des discours d'adieux et des remerciements.

L'archiprêtre de Pau, le vénérable chanoine D..., d'abord, en un discours ému, adresse ses remerciements et les nôtres, à nous les Français, au Père Directeur, à tous les Assomptionnistes, au commandant, à tout l'équipage. Le P. Borromée répond.

Le commandant se lève à son tour pour nous dire sa joie d'avoir pu conduire sans accident le quarante-cinquième pèlerinage en Terre Sainte ; il termine en nous donnant rendez-vous à tous pour l'année prochaine.

L'Angleterre s'exprime avec un peu de difficulté, mais en quelques phrases du cœur, par la voix d'un colonel anglais qui parle mal le français.

Et, quand on croyait les toasts terminés, la Belgique, représentée par le professeur W..., de Bruxelles, vient à son tour dire sa reconnaissance aux saints Pères Directeurs de notre croisière, et termine en disant avec nous et tous les Belges : « Vive la France ! »

A chacun des discours le P. Borromée répond, et toujours il trouve le mot qui convient.

Mais des émotions plus profondes nous attendent à la chapelle où, dans un Salut solennel, nous allons faire serment de ne jamais oublier Jérusalem.

Le Saint-Sacrement, dans son ostensoir d'or, brille sur l'autel décoré de fleurs embaumées, aux vives couleurs ; le R. P. Borromée, revêtu de la lourde chappe, s'avance sur le seuil de la petite chapelle, et d'une voix tremblante d'émotion, il nous rappelle les souvenirs les plus saints de notre pèlerinage à Jérusalem : le Cénacle, berceau du sacerdoce, pour les prêtres ; le mont des Oliviers, le Calvaire, le Saint-Sépulcre, Bethléem, la Voie Douloureuse, Gethsémani. Il nous fait revivre les pieuses et profondes émotions qui ont envahi nos âmes à chacune de ces visites ; il nous invite à ne les oublier jamais, et nous donne rendez-vous à tous, là-Haut, au Ciel, où aucun de nous ne doit manquer à la réunion définitive. Sa parole persuasive émeut les cœurs les plus froids ; bien des yeux sont humides !... Alors le P. Hiéronyme entonne le *Super flumina Babylonis,* dont il chante lentement toutes les strophes ; les pèlerins de la pénitence, à genoux, la main droite levée devant l'ostensoir d'or, répètent tous ensemble et d'une voix qu'affermit la force de leur serment : « Si je t'oublie, Jérusalem, que ma main droite soit livrée à l'oubli ! »

Cérémonie poignante entre toutes ! Et dans un religieux silence, la bénédiction s'achève !

Comment dire maintenant l'impression déchirante qui saisit l'âme, quand, au lieu du bonsoir auquel notre saint Directeur nous avait habitués, il nous demande humblement pardon de ses négligences, de ses impatiences, de ses manquements, et de ceux de ses frères, les religieux qui nous ont dirigés ?...

J'entends autour de moi bien des sanglots retenus ; je vois bien des larmes couler lentement des yeux baissés ; je sens le tremblement des voix émues qui chantent douloureusement le chant de l'adieu final : « Il faut partir !... Jérusalem, adieu ! »

La soirée ne peut se prolonger ; d'abord, il se fait tard, et les impressions fortes ont trop remué les âmes. Cependant je ne peux me décider à aller si tôt m'enfermer dans ma cabine. Je m'assieds sur le pont, entourée de quelques amis fidèles : Mlle P..., qui pleure sans honte et me confie sa tristesse de la séparation ; — Mlle Louise B..., qui me donne rendez-vous à Paris ; — M. de Saint-M..., qui se tait, tant il se sent en

communion avec nous ; — l'abbé P..., qui me donne sa carte
et me demande la mienne ; — Mme B..., qui me promet de
m'écrire ; —, et d'autres encore que je ne peux tous nommer.
Les adresses s'échangent ; les mains se serrent ; les promesses
se multiplient de fidèle souvenir.

Le P. Borromée descend de la chapelle ; il vient de nous
distribuer à tous, en souvenir, un memento du R. P. Bailly ; il
entend, presque malgré lui et en s'en défendant, nos remerciements, l'expression de notre reconnaissance, nos espérances
de revoir ; et, après un affectueux serrement de mains à chacun
des pèlerins de ce petit groupe, qu'on lui sentait sympathique
entre tous, il se retire dans sa cabine. Il faut aller se coucher ;
il est presque onze heures du soir. Nous ne sommes plus que
trois ou quatre pèlerins sur le pont, et de trop douloureuses
séparations marqueront encore la dure journée de demain.

MARSEILLE

Jeudi 5 juin. — La dernière journée de notre pèlerinage
s'éclaire, dès le matin, d'une éblouissante lumière !

Je me lève à cinq heures ; je m'alanguis en ma sommaire
toilette ; je termine mes malles, mon sac, mes derniers emballages ; et, longtemps avant la messe du pèlerinage, je monte sur
le pont.

La terre est en vue, tout près : c'est la France ! Là-bas, en
face, sur la droite, une ville s'étale, toute blanche, encadrée
dans la verdure : c'est Hyères ! Un peu en avant, cachée par
l'éperon de la montagne, au pied de laquelle il est assis, on me
montre Toulon.

Le ciel est pur ; le soleil éblouissant ; la mer d'un bleu de
saphir, calme et sans rides, tel un immense miroir. *L'Etoile*
marche, rapide et sans secousse ; chacune des minutes qui

s'écoulent nous rapproche du terme, de la séparation, de la tristesse ; et, pourtant, au fond du cœur s'élève comme une immense joie, en songeant à la patrie retrouvée, au revoir, aux parents, aux amis, à tous les êtres chers, qui font la vie supportable et bonne.

Sept heures. La messe commence ; c'est la dernière dans la chère chapelle. On prie mieux, on prie plus longtemps, on se perd dans une union plus intime avec le Bon Dieu qu'on sent tout près, et à qui on se donne tout entier et à jamais.

Un rapide déjeuner, et chacun se disperse : dans les cabines, — dans la soute aux bagages, — chez les amis, pour un dernier adieu, — vers les gens de service, pour les remerciements et les backchiches, — sur le pont, pour un dernier regard sur l'horizon, — dans la chère chapelle, pour une dernière prière ! Mais déjà le Bon Dieu a déserté *l'Etoile.* Il ne reste plus que les fleurs embaumées, rapportées de Naples, qui achèvent de se flétrir et de mourir, comme de chagrin, à rester seules et inutiles sur l'autel abandonné. Sur le pont, le brouhaha du départ domine les adieux échangés à voix basse. Tous les bagages, remontés des soutes et des cabines, s'entassent en une pile énorme où chacun cherche à reconnaître les siens. Toutes les chaises-longues, les fauteuils, les pliants ont disparu ; on ne peut plus s'asseoir pour contempler la mer ou rêver... C'est bien la fin, dans sa désolation...

A dix heures, nous entrons dans le port de Marseille, en passant au pied de Notre-Dame de la Garde, que nous saluons d'un *Ave, maris stella,* et *l'Etoile* va s'amarrer loin, bien loin, au dernier ponton, tout au bout du môle, à l'endroit où nous l'avions trouvée, le 23 avril.

Nous sommes arrivés !

Le P. Antonin nous a donné, longuement et clairement, les instructions nécessaires au débarquement. Les formalités, toujours interminables, pouvant se prolonger plusieurs heures, le déjeuner de dix heures nous est pour la dernière fois servi sur le bateau et présidé, comme toujours, par le P. Borromée.

Quand nous remontons de la salle à manger sur le pont, le quai commence à se peupler : ce sont les parents, les amis, les familles des pèlerins, désireux de les revoir, de les embrasser après six semaines d'absence.

Mme B... aperçoit ses deux fils avec leur institutrice ; Mlle G... éclate de joie et de surprise, en voyant sa mère et son frère venus de Saint-Etienne pour la revoir plus tôt.

La Santé s'éternise, ce qui permet au docteur M... de faire plus longs les adieux à Mlle G... ; celle-ci le présente à sa mère, qui lui fait une invitation pour le lendemain... Mes voisins Saint-M..., C..., B... ébauchent un sourire devant les pressantes instances de Mlle G... ; nous nous regardons... Heureuse jeunesse !

Et, pendant que mon groupe continue à deviser, je vais faire mes adieux au P. Noël, au P. Antonin et au cher P. Borromée.

Enfin tout est prêt. A midi et demi, l'échelle met en communication *l'Etoile* avec le quai et le débarquement s'opère. Le pont est envahi aussitôt par une nuée de portefaix qui s'offrent à descendre nos bagages pour les faire passer à la Douane.

Rien ne me presse de partir ; personne ne m'attend avant Paris ; je laisse la foule se bousculer à la sortie, et envahir les quais, se précipiter à la Douane qui fait ouvrir toutes les premières malles, qui fouille, qui cherche, dans un désordre inexprimable. Assise sur une caisse, un peu à l'écart, je regarde et j'attends, rêvant silencieusement aux bons jours qui passent trop vite et à la reprise de la dure vie de devoir.

A une heure, je reste à peu près seule sur *l'Etoile,* avec Mlle de M..., qui me serre la main, et M. de Saint-M..., qui va partir, lui aussi. Le moment est venu : un homme de l'agence prend mes bagages, les passe à la Douane ; celle-ci, fatiguée sans doute par ses nombreuses recherches, marque mes malles sans même me les faire ouvrir ; en quelques minutes, je franchis la barrière ; je suis en voiture, et en route pour l'hôtel Terminus.

Neuf heures du soir. — C'est fini, bien fini ! Il ne me reste plus que les chers souvenirs, rapportés de là-bas, qui, eux du moins, ne passeront pas !

Je suis montée à cinq heures à Notre-Dame de la Garde. De même que j'étais allée, au 23 avril, demander à cette bonne Mère sa protection pour le long voyage que j'entreprenais en Terre Sainte, de même j'ai voulu aller, ce soir, la remercier et lui dire ma profonde reconnaissance. J'ai rencontré tout un groupe nombreux de pèlerins qui redescendaient de la sainte colline : l'archiprêtre de Pau, le chanoine D... ; l'abbé P..., Mlle R... Nous avons renouvelé nos adieux.

M. de Saint-M... est parti à quatre heures et demie pour la Provence. Il rentrera samedi matin à Paris, où nous nous retrouverons souvent, j'espère.

A huit heures, j'ai embarqué à la gare et dans des directions différentes : le P. Noël et Mlle C..., — le P. Hiéronyme et les Anglaises, — Mlle Louise B... et sa malade Mme S... ; — beaucoup d'autres encore. Je reste seule jusqu'à demain matin, heure marquée pour ma rentrée à Paris.

Et, reprise si vite par l'isolement de ma vie, je sens mon âme frissonner douloureusement... Alors, pour ne pas sombrer dans la détresse, j'emporte violemment ma pensée, là-bas, là-bas, au-delà des mers, dans la Jérusalem bénie, où les grâces me sont venues si abondantes. Je revis, en de vifs ressouvenirs, les heures les meilleures de cette sainte croisière... et c'est dans un immense élan de reconnaissance et d'amour que l'apaisement se fait.

L'avenir ne me fait plus peur... Je le regarde bien en face, et je vais courageusement au devoir dont l'accomplissement généreux me conduira un jour, — bientôt peut-être, — à la Jérusalem céleste, d'où l'on ne revient pas...

Imprimé en Avril 1914
par Crépin-Leblond, à Moulins (Allier)

9 782019 952358